# 直播营销

## 重新定义营销新路径

刘兵◎著

### 图书在版编目（CIP）数据

直播营销：重新定义营销新路径 / 刘兵著． — 广州：广东人民出版社，2018.3
　　ISBN 978-7-218-12155-0

Ⅰ．①直… Ⅱ．①刘… Ⅲ．①网络营销 Ⅳ．① F713.365.2

中国版本图书馆 CIP 数据核字（2017）第 257617 号

Zhibo Yingxiao Chongxin Dingyi Yingxiao Xinlujing
**直播营销：重新定义营销新路径**
刘　兵　著　　　　　　　　　　　版权所有　翻印必究

出 版 人：肖风华

责任编辑：马妮璐
责任技编：周　杰　易志华
装帧设计：刘红刚

出版发行：广东人民出版社
地　　址：广州市大沙头四马路10号（邮政编码：510102）
电　　话：（020）83798714（总编室）
传　　真：（020）83780199
网　　址：http://www.gdpph.com
印　　刷：北京时尚印佳彩色印刷有限公司
开　　本：787mm×1092mm　1/16
印　　张：15　字　　数：192千
版　　次：2018年3月第1版　2018年3月第1次印刷
定　　价：39.80元

如发现印装质量问题，影响阅读，请与出版社（020-83795749）联系调换。
售书热线：（020）83795240

# 前言

　　移动互联网的发展以及自媒体的兴起,在全球范围内掀起了移动直播的浪潮。2012年,国内有一定规模的直播平台还不到30家,但是到2016年,我国直播平台已经超过200家,总用户人数超过了4亿。大量直播平台迅速涌入市场,让直播成为互联网时代全新的流量来源。因此,由直播引导的流量市场,必定会引爆一次全新的营销革命。

　　直播是一个极具市场潜力的行业。不仅百度、腾讯、新浪等互联网流量巨头争相加入直播行业,淘宝、京东、聚美等电商界的大佬也纷纷杀入直播市场。这些具有先见之明的大型企业,立足于互联网的发展背景,把直播变为企业的"传播"工具,优先占领了直播引导的流量市场,为开辟未来互联网营销市场做足了准备。因此,抢占直播营销的风口,将会成为多数企业未来营销的重要方针。

　　2016年被称为"百播大战"爆发的"直播元年",为企业抢占直播风口提供了机遇,也为企业直播带来了各方面的挑战。移动设备的普及、直播平台的天然流量、直播的低门槛,都是直播当前的优势。又由于从信息的传播来看,直播使消费者获取信息的迅捷速度以及直播为消费者带来的

**直播营销：**重新定义营销新路径

真实感，是其他技术难以实现的，因此直播必定会成为企业未来营销的重点领域。但是，由于当前直播行业内部缺乏监管制度，各类鱼龙混杂的直播内容都在干扰企业"直播+"的选择视线，因此即使直播为企业的互联网市场营销带来了如此大的机遇，在缺乏合理方法的情况下，直播营销还是容易走上错误的道路的。所以，企业可以通过以下四步深度挖掘直播营销的机遇，打破直播营销的挑战。

首先，企业要做的就是在互联网上进行直播营销的战略布局。所谓的"战略布局"，就是企业根据自身的实际情况，结合营销的预算成本，找出适合的互联网"直播+"模式。

其次，根据企业的个性化内容制定直播营销的战术。也就是说，企业直播营销的战术也需要详细的固定的流程：市场调研、SWOT分析、定位受众、平台选择、策略设计、流量变现、有效反馈。

再次，为直播营销设计直戳消费者痛点的必杀技。根据"直播+"营销模式的差异，每个企业都可以选择一种或者多种直播必杀技，而选择这些必杀技的最终目标，就是为了让企业营销可以直戳消费者的需求痛点，进而实现流量变现的最大化。

最后，通过提升直播营销的内功，让直播营销更有力量。提升直播营销的内功，就是利用各种技巧，对直播的细节、内容、游戏、广告、传播、统筹等各个方面进行优化处理，使企业的直播营销对消费者更有说服力、引诱力。

企业将直播营销中的机遇挖掘出来之后，最终面临的就是互联网中巨大的潜在流量市场。总的来说，只要企业能够在直播营销的时代，抓住直播的规律、方法，并在此基础上结合企业自身的实力进行创新，准确定位直播受众，就能获得直播营销的先机。实际上，目前中国直播行业的发展进程略慢于其他互联网行业。但是，直播在短短几年的发展中，迅速地积累了大量的互联网流量，并且得到了来自各个行业和领域的关注及投资。而未成熟的直播又为企业营销提供了机会，只要企业能够抓住这个机会与直播共同发展、携手进步，那么"直播+"将会为企业带来更多的盈利。

## 第一章　营销变革：直播引爆营销革命

　　直播开启新媒介时代 // 002

　　百播大战：网络直播平台大爆发 // 006

　　直播的演变：从社交到营销 // 010

　　直播主要受众：80后、90后 // 014

　　直播关键词：吸粉快，流量快 // 016

　　直播+营销，一拍即合 // 019

　　直播营销，未来营销方案标配 // 023

## 第二章　抢占风口：无直播，不传播

　　小米：CEO雷军直播成网红 // 028

　　美宝莲：50位网红直播大秀 // 032

　　宝马MINI：首将拍摄片场进行直播 // 036

　　淘宝：饿货节，百人直播吃外卖 // 039

张大奕：一场直播卖衣赚2000万 // 043

papi酱：八大平台直播，2000万人围观 // 047

杨元庆：传统企业的新玩法 // 051

奥克斯：微电影+网红直播 // 054

舒客："花式"直播导购 // 058

## 第三章　兵临城下：直播营销时代已到来

为什么是直播营销？ // 064

直播营销VS传统营销 // 068

直播营销VS视频营销VS内容营销 // 072

直播营销，触发流量经济 // 076

直播营销的四大玩法 // 079

直播对品牌营销的价值 // 083

直播对产品销售的价值 // 087

避开直播营销的三大"坑" // 091

直播营销的困局：技术 // 094

## 第四章　战略布局：直播营销的打开方式

直播+电商：传统电商的另一个机会 // 098

直播+发布会：曝光第一，成交第二 // 102

直播+社交：互动吸引流量，直播反哺流量 // 106

直播+个人IP：网红经济+粉丝经济 // 109

直播+内容：创意无限，越新奇越传播 // 113

直播+娱乐：让营销更有趣 // 118

直播+场景：用真实为信任背书 // 122

直播+旅游：旅游营销新花样 // 125

## 第五章　战术策划：直播营销的流程设计

市场调研：寻找市场机会 // 130

SWOT分析：优势结合，劣势规避 // 133

定位受众：找准目标人群 // 137

平台选择：找到匹配的直播平台 // 141

策略设计：避免过分营销 // 145

流量变现：确保营销策略落地 // 149

有效反馈：借助数据修整方案 // 153

## 第六章　兵法修炼：直播营销的必杀技

借势明星，但紧扣主题 // 158

产品为王，引爆交易型消费 // 162

预热与互动：撬动粉丝参与 // 166

专业化导向，讲出硬道理 // 170

场景化引导，提升消费体验 // 173

让你的直播独一无二 // 177

常规直播也要有秘密武器 // 181

与其他营销平台形成传播闭环 // 185

直播营销的变现密码 // 190

# 第七章 内功提升：让直播营销更有力量

直播的形、声、演 // 196

直播中的主持技巧 // 200

直播内容的创意策划 // 203

直播营销游戏的创意策划 // 207

直播营销的广告植入技巧 // 211

直播营销的传播技巧 // 215

直播节目的统筹技巧 // 219

企业家高管直播技巧 // 222

企业直播号营销技巧 // 226

# 第一章 营销变革：
# 直播引爆营销革命

根据现代媒介的发展规律，每一次媒介的变化都为营销模式带来了不同程度的改变。因此，作为全新媒介的直播，拥有为营销开启新媒介时代的潜能。从"百播大战"的爆发到掀起高潮，直播也完成了从社交到营销的演变。企业直播营销面对着一群年轻的受众，以"吸粉"转化流量的方式，将这些人带来的流量变成互联网营销市场，所以"直播+"和互联网一拍即合。

**直播营销：** 重新定义营销新路径

# 直播开启新媒介时代

随着全球一体化步伐的加快，大数据、云计算让数字营销在世界范围内掀起一股狂热的浪潮。而随着互联网的飞速发展，手机营销、微博营销等数字营销模式逐渐成为过去式。直播借着移动互联网的东风，以一匹黑马的姿态快速站到了数字营销的浪潮顶端。

相关调查显示，2016年全球的网络直播人数已经超过3亿，观看YouTube（世界最大的视频网站）直播的人数增长了80%，而且将近三分之一的粉丝愿意为网红的内容埋单。因此，2016年成为货真价实的"直播元年"，"全民直播"的壮观景象也随之到来。而网络直播人数的重大突破，使直播营销的潜在力量爆发出来，真正开启了以直播为核心的新媒介时代。

### 1.报纸VS电视VS社交网站VS直播

最早传播信息的媒介是报纸。早期的报纸刊载一段时间发生的新闻或者时事评论，向大众进行传播。后期，在报纸这类以书面文字为主的媒介的基础上，出现了杂志等新媒介。但是这些媒介借助书面文字或者图片传播新闻时，只能向人们展示前一段时间发生过的事情，并不能直接连接到新闻现场。

随后，电视的出现，为人们的视觉感受带来了重大突破。在看电视的过程中，不仅可以让人直观地了解到新闻的内容，更能让人真实地体验新闻发生时的场景变化。而且随着电视的普及，电视新闻也得以更广泛地传播。记者也可以通过现场采访，让更多的群众进行新闻互动。然而，电视新闻却存在着一个很大的缺陷——电视画面总是转瞬即逝。对于观众来说，电视新闻无法进行任何方式的保存。

直到互联网的全球普及，电视新闻保存性差的问题在网络新闻中得到了解决。早期，互联网信息传播的方式主要依靠微博、推特等社交网络服务（SNS），这些社交网络服务大多数以文字为主。后期，这些社交网络服务添加了视频播放的功能，让用户可以直接体验到画面感。并且人们在接收新消息的同时，还能对过时的消息记录进行查找。在我国，这些社交网站上的视频，大多数都是来源于腾讯、优酷等视频网站。这些视频网站事先把视频录制好再进行上传，微博等社交网络服务的用户再把这些视频进行转载。在信息化高度发达的今天，微博上这些经过无数次转载的视频对于大多数网民来说，已经不够"新鲜"。

同样基于互联网的直播则满足了用户对消息新鲜度的需求：任何人，在任何时候，都可以通过任意直播平台，直播自己的所见所闻。因此，直播是一种更能体现新闻时效性的新闻传播方式。它比微博等社交网络服务更迅捷、更形象、更真实、互动性更强。这些超越社交网络服务的特性，最终让网络直播成为信息传播的重要媒介。

2."直播+"模式的爆发

在直播市场呈现爆炸式的增长后，国家媒体机构在直播平台搭建方面也不甘落后——人民日报社、中央电视台、新华社等在同一天展示了各自的移动直播平台，都想抢占一定份额的直播市场。

2017年2月19日，人民日报社新媒体中心与新浪微博、一直播等共同打造的全国移动直播平台"人民直播"正式上线。该平台目前已经有大量的传统媒体机构、政府机构、自媒体组织、明星"网红"等加入。

在同一天,中央电视台专门为记者打造的"央视新闻移动网"也正式上线运营。央视新闻移动网客户端在线上与线下拥有很强的交互性——客户在现实中遇到突发事件的时候,可以直接将事件画面传递到直播室中,专业记者可以通过客户传递的画面及时赶到现场进行信息采集。

新华社则在当天上线了"现场云"全国服务平台,为全国媒体提供"一站式"便捷新闻服务功能。记者只要拥有一部手机,通过"现场云"就可以进行现场采访以及同步回传。"现场云"后台还有专门的"编辑",在记者直播的同时,为记者进行在线编辑处理。同时,在"现场云"的支持下,多名记者还可以站在不同的角度对同一个新闻事件进行直播。

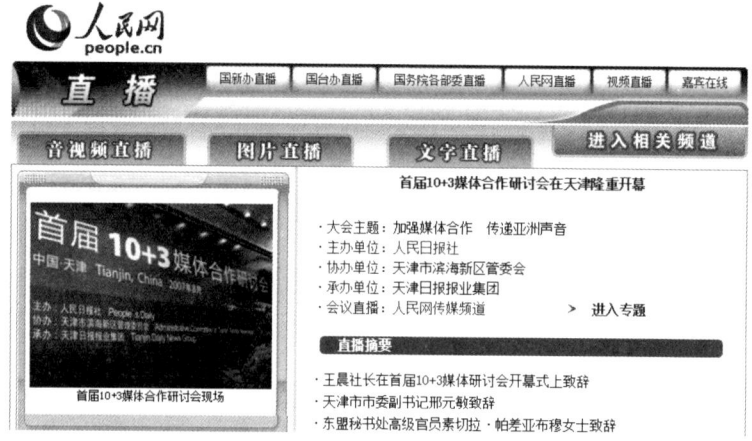

图1-1 人民网直播平台

可见,直播已经占据了新闻传播的重要地位。而随着直播的新媒介价值逐渐被放大,不仅是新闻传播领域在享受直播这块市场蛋糕,越来越多的企业也开始以"直播+"的模式加入到分蛋糕的行列。目前已经出现的"直播+"模式有"直播+电商""直播+体育""直播+娱乐""直播+社交"

等。无论是怎样的"直播+"模式,总会在不同程度上给人们带来惊喜。

2016年里约奥运会,让人着迷的除了激烈的赛事,还有疯狂的直播。一直播、映客等都对里约奥运会进行了重点直播,甚至一些运动员利用小平台进行直播的影响力还超越了电视对赛事的现场直播与讲解。

一般电视上的现场直播与讲解都较为正式,主要偏向于正式比赛以及对金牌的播报,模式比较单一。然而在许多直播平台上,运动员们自己就可以进行直播。这类直播可以让观众直接"围观"运动员在赛场上以及生活中发生的各种琐事。在直播的感染下,奥运会散播出的消息不再以竞争和金牌为核心,更多的是关于运动员人性化的一面。因此,在"直播+体育"的模式之中,输赢逐渐被淡化,运动员自身的魅力反而更加鲜明起来。观众也能在直播中,看到运动员更多的"可爱"之处。

"直播+体育"完全打破了传统的体育报道方式,为人们带来了一场完全不同的观看体验。直播天然的颠覆属性、广泛的应用性和庞大的用户基数决定了它必然会彻底颠覆很多传统行业的商业模式。尤其是在营销方式上,"直播+"正在以迅雷不及掩耳之势创造各种奇迹。

**直播营销：** 重新定义营销新路径

# 百播大战：网络直播平台大爆发

直播在2016年成为了网络传播的一匹黑马。"百播大战"的盛况伴随着直播的繁荣而到来，各大直播平台、直播APP如同雨后春笋般冒了出来。除了这些纯直播类平台，许多知名网站也相继开始在内部植入直播系统，利用自身的流量优势来促进直播发展，最终出现了网络直播平台大爆发的局面。

**1. 游戏直播**

最早出现的专业直播种类就是游戏直播。早期出现的部分游戏直播平台，比如斗鱼、熊猫、虎牙、战旗、龙珠等，大多数都已经在直播界取得了一定的成功。正因为这些早期游戏直播平台，以最快的速度抢占了游戏直播的先机，聚集了大量早期的、稳定的网红主播与直播观众，才能成为我国目前主流的直播种类之一。以国内电竞游戏最为火爆的斗鱼直播平台为例子：

斗鱼的前身是国内第一家弹幕视频网站AcFun的直播平台，原名叫"生放送（在日语中为现场直播的意思）"。在"生放送"期间，AcFun就曾经请来许多网红为直播平台吸引人气。后来因为AcFun发展与经济实力的问题，"生放送"被脱离出来成为今天的斗鱼。

斗鱼创始人之一张文明曾经提到过，在做"生放送"期间他们就已经

# 第一章
## 营销变革：直播引爆营销革命

感受到竞技游戏直播的强大潜力。确定了游戏直播的发展方向后，斗鱼开始筹集资金，提高直播画质。通过《英雄联盟（LOL）》《DOTA2》等赛事直播，赞助电竞游戏俱乐部，斗鱼吸引了大批游戏玩家。随后，斗鱼为了与玩家签约，抛出了上百万的固定年薪，捧红第一批游戏主播。这批游戏主播又能够吸引一批新玩家参与到直播中，成为新观众或者新主播。因此，斗鱼的主播们时常会说："游戏打不好，可以去做解说，只要观众埋单，就能赚钱，斗鱼等于帮你规划好了怎么赚钱。"

图1-2 斗鱼直播平台

虽然游戏直播已经在我国的直播市场占据了一定的份额，但是游戏直播的运营在"百播大战"这一背景下其实并不理想。它存在着观众范畴狭小的问题：喜欢游戏直播的稳定观众，大多数是80后、90后，且以男性为主。不仅有观众范畴的限制，还有游戏直播会占用大量的带宽。一些后期建立的游戏直播平台，因为缺少斗鱼等早期平台的网红主播积累过程，还需要花费成本去别的平台上聘请网红主播。尽管游戏直播是我国的主流直播种类之一,但是这些问题最终会让游戏直播在"百播大战"中处于不利的地位。

### 2.娱乐直播

娱乐直播是目前平台最多、用户最多的一类直播。YY、映客、哔哩哔哩(bilibili)、花椒等娱乐直播平台,每天都能聚集大量各类娱乐领域的观众,包括电影领域、明星八卦领域、美妆领域、旅游领域、美食领域等。虽然80后、90后依然是娱乐直播观众的主力军团,但是娱乐直播观众分布范围远远大于游戏直播,不论从年龄还是从性别来说。多数人已经把娱乐直播作为一种新的休闲享受。

随着娱乐直播用户的增多,其内容也越来越丰富。娱乐主播们的直播话题广泛,从电影谈到影评、从美妆谈到穿搭、从美食谈到养生,等等。站在营销的角度上来看,丰富的直播内容同时也创造了更多的销售机会,也拓展了周边产品的销售渠道。

### 3.电商直播

电商直播是早在2015年就开始兴起的一种"直播+电商"的营销模式。它通过利用直播界网红和明星聚集的粉丝力量,带动消费者的购买力,提高电商产品的收入,让电商直播成为网红经济下的主流模式。同时,因为网红和明星主播带来大量的粉丝消费者,产生了巨额的利润,所以才让淘宝、聚美等电商直播在"百播大战"中占据了一席地位。

虽然目前的电商直播观众数量远远不如娱乐直播,但是伴随着自媒体概念的深入,多数网红主播开始有意识地强化个人IP、提升个人品牌形象。他们会在自己的直播过程中巧妙地穿插广告,进而向观众们推销了个人的电商产品,增加自己的额外收入。

### 4.专业直播

专业直播的观众主要是一些垂直领域的专业人士或者爱好者。这些观众分布范围广、相对较分散，而且都喜欢在特定的领域中活动，因此专业直播主播的门槛非常高。首先，专业直播的主播需要具备强大的凝聚力、比较高的专业知识水平；其次，专业直播的主播能正确引导专业人士或者爱好者，为他们在专业领域上排忧解难；最后，专业直播的主播要在专业领域里拥有前瞻性的眼光，能对专业领域的未来做出预测，才能在直播的过程中与观众互动起来。

专业直播对主播的高要求，导致了目前专业直播平台非常稀少，目前主要有疯牛财经直播平台、YY知牛直播平台等。因此，目前的专业直播只能在"百播大战"中占据微小的份额。但是，随着人们教育水平、知识水平的提高，专业直播必定会成为一只拥有大量市场的潜力股。

"百播大战"的局面使直播界拉拢粉丝的战争逐步进入白热化。与此同时，大多数直播平台的门槛也大幅度降低，只要有手机，人人都可以进行直播。同时，直播平台出现了初步的垂直细分现象，使各个直播平台都能形成独具特色的运营内容。

**直播营销：**重新定义营销新路径

# 直播的演变：从社交到营销

中投顾问产业研究中心在《2016—2020中国网络直播行业深度调研及投资前景预测报告》中，把CCTV广播等电视直播定义为直播史前时代。由此可见，直播实际上早已在中国开始盛行起来了，只不过早期的"直播"并不是通过互联网，而是通过"直播卫星"直接将画面传到电视上。但是，从直播诞生时起，用于社交的核心目的就没有变动过。通过直播的方式，提高主播与观众的互动，让观众在社交活动中获得自身需求的内容。

伴随着互联网的发展，直播成为网络社交的重要方式。因此，直播正式走向1.0的时代，并逐步走向未来4.0的时代。社交这一作用在直播平台演变期间不断地膨胀，吸引了大量流量，为直播营销奠定了稳固的基础。

### 1.直播1.0时代

在直播1.0时代，PC端是真人直播秀场的天下。年轻靓丽的主播们，通过PC端向观众展示自己的才华，因此传统的PC端被称为重度秀场。在当时的情况下，社交是所有使用直播平台用户的主要目的。观众主要通过YY、六间房等直播社交平台，购买VIP特权、"打赏"主播，以进一步巩固社交关系。

虽然当时直播平台上的主播们都是全职，但是直播的商业效益并不高。由于观众们活跃的时间点只有晚上，导致了严重的成本浪费——直播平台必须每个月付给签约主播们固定的工资，然而主播们真正能产生效益的工作时间只是在晚上固定的时间段内。

图1-3 六间房的才艺直播秀

### 2.直播2.0时代

直播2.0时代是游戏直播的时代。此时，游戏直播已经发展到了成熟期，斗鱼、龙珠等游戏直播平台吸纳了大量游戏主播，通过网红主播率先抢夺大量PC端流量。并且它们还与游戏运营商联手合作，让游戏主播在直播的过程中穿插游戏点卡、游戏币、游戏道具等增值服务的广告，为直播平台带来额外的商业收入，形成了"直播+营销"的初步商业营销模式。

### 3.直播3.0时代

直播3.0时代是移动互联网"直播+泛生活"的时代。伴随着智能手机、iPad等移动设备的普及和无线网络的覆盖，移动端的流量正在逐步提高，成就了移动互联网中"直播+泛生活"的繁荣。在直播3.0时代，观众与主播的互动依旧围绕着社交而展开，但是社交已经不是直播的主要内容，营销代替社交逐渐成为直播平台和主播的主要收入来源。

直播3.0时代与直播1.0时代、直播2.0时代最大的不同在于：只要观众使用智能手机，就可以利用上班、学习之余的休息时间观看直播，享受直播的内容。同时，主播使用智能手机、iPad等移动设备，就可以随时随地进行直播，打破了直播1.0时代对主播全职性的要求，并且播出的内容也发生了很大的改变，主播们不一定要针对某个专业领域进行直播活动，平时生活中的吃饭、散步、闲聊全都可以当作直播的内容。网红们的衣食住行、时尚品位对各自的粉丝群体产生了巨大的影响。粉丝喜欢主播使用的产品，就会询问；主播为粉丝介绍产品就相当于间接为产品打广告。同时，网红在使用一些性价比高的产品时，也会推荐给自己的粉丝，等于直接为产品打了广告。在直播3.0时代，网红们把相应产品推送给各自的粉丝成为主要的潮流，也是目前直播营销的主要模式。

### 4.直播4.0时代

2016年不仅是"直播元年"，也是"VR爆发年"，直播4.0时代必定是"直播+VR"的立体时代。目前，直播在平台上已经提高了信息的时效性，丰富了信息的内容，推动了社交模式的发展，而VR则能够为用户带来更真实的三维体验，两者的结合必定会产生巨大的经济效益。

图1-4 腾讯VR开发者预约网站

VR让直播摆脱了扁平化的视觉体验，让观众在观看的过程中，体验到形式和内容更加饱满的直播，更容易沉浸于直播的内容与氛围之中。主播在直播过程中，身上的穿戴展示也变得更真实，会让观众产生想要触碰的欲望，升级了直播的画质感。因此，"直播+营销"带来了一个更立体的产品传播销售时代。

从整个直播产业发展进程来看，直播目前还处于2.0时代与3.0时代之间的过渡期。虽然各大直播平台都在开展激烈的流量争夺战，但是游戏直播依旧在市场中占据绝对的地位。然而，这种趋势已经出现了转变。由于游戏直播平台太过依赖游戏产业，平台流量被局限在游戏市场之中，因此游戏直播在流量争夺战中并不能占领优势地位，反而泛生活的主播与观众的数量呈现上升趋势，比如韩国男孩只是单纯地直播吃饭，就获得了大量的人气，月入百万；美拍粉丝超过了18万的大胃王主播胡桐桐，靠着直播吃饭月入上万……因此，泛生活会逐步成为移动直播市场的主流，它扩大了直播平台的收入市场，促使直播完成了从以社交为手段到以营销为手段的转变。

**直播营销：**重新定义营销新路径

# 直播主要受众：80后、90后

2016年不仅是直播疯狂成长的一年，而且是直播平台竞争压力最大的一年。不计其数的直播平台在这一年里兴起，又在这一年里陨落。这些直播平台以如此之快的速度陨落的一个重要原因，就是没有抓住直播的主要受众。对大多数直播平台而言，有人气才会有收益，为了获得人气，就必须清楚直播所面对的观众人群。

中投顾问产业研究中心在《2016—2020年中国网络直播行业深度调研及投资前景预测报告》中认为：归根到底，网络直播行业目前发展依然以娱乐性质为主，因此更受年轻群体欢迎。加之美女和游戏元素的内容产出，既能满足年轻群体的口味，又为吸引更多年轻用户关注和参与起到积极作用。而且UGC（用户原创内容）的内容生产模式需要思维大胆、开放且颇具创造力的年轻人来承担主要的内容生产任务。

从中投顾问产业研究中心的上述报告中可以看出，直播实际上是盛行于年轻人之间的社交方式。而且根据其他相关调查数据，直播的内容产出者、接受者几乎都是80后、90后。在部分大型直播平台中，占据直播受众主体的甚至是95后。因此，目前直播的主要受众为80后、90后。为了满足这些人的要求，那些能够在"百播大战"中占据上风的大型直播平台，多数都会选择年龄不超过30岁的主播，播出一些时下最新鲜有趣的内容，以迎合80后、90后的口味。

年轻的主播确实是吸引直播受众的一大关键因素，但是并不是吸引直播受众的必要因素。比如小米CEO雷军就非常喜欢直播，他已经上阵为小米做过多次直播活动。雷军说过："直播已经是90后年轻人中最火的一种互动模式。"由此可见，年轻主播对直播确实有着重要的影响。实际上，直播在80后、90后盛行的原因，除了它真实、直接、互动性强之外，还有年轻人闲暇的时间、内心的追求、掌握的技术都与直播能够完美契合。因此，当前能够在直播行业竞争中脱颖而出的平台，基本都是依靠抓住80后、90后产生的流量继续存活。但是，80后和90后不会成为直播平台永远的用户。

80后、90后也会伴随着个人的成长，逐渐隐匿于互联网的社交圈中。95后、00后的群体正在迅速崛起，他们也在互联网中寻找自己的"生存之地"。目前直播的主要受众为80后、90后，但是95后、00后还会继续加入直播的大军。因此，未来直播的主要受众群体还会继续增加，但是，直播的主要受众会慢慢产生偏移。在受众偏移的过程中可以看出，无论直播受众发生怎样的变化，直播平台上汇聚的主要流量永远是"年轻"带来的。为了以"年轻"吸引"年轻"，直播平台从"年轻化"的直播抓起，让直播的内容能够符合互联网中大多数年轻人。也就是说，直播平台不应该把目光锁死在80后、90后的身上，而是要在关注这些群体的同时，让自身变得更加"年轻"。

## 直播关键词：吸粉快，流量快

在新媒体经济时代，"流量为王"是不可否认的事实。在2011—2016年期间，普通的电视节目限制了主持人与观众的互动性，加上一系列政策方面的管制，电视节目的流量一直呈现下滑趋势。而网络直播平台往往能够快速吸粉，各大直播平台上的网红通过直播划分出各自的粉丝圈，尽管每个网红每一天都会有许多粉丝流失，但是也不会影响网红直播吸粉的速度。直播平台大量的粉丝基础，造就了直播快流量的特性，因此吸粉快、流量快成了直播的主要关键词。

高速吸粉是所有直播播主的核心目标，只有在庞大的粉丝群基础之上，播主才能获得相应的回报。无论直播平台是想要通过推广网红来获取粉丝们的"打赏"收益，还是通过网红推广相应的产品来扩大收益，都必须建立在一个庞大的粉丝团基础之上。为了维护庞大的粉丝群体，大多数直播平台都会使用一种固定的模式。首先，直播平台会给自己旗下的各个主播提出相应的业务要求，主播们每天都要吸引一定量的粉丝来看他们的节目。其次，直播平台会根据各个主播的粉丝数量，挑选有发展前景的"未来网红"，有意识地提高这些主播的直播质量以及在这些主播的直播节目下利用大量水军来刷"打赏"道具。部分喜欢直播节目的粉丝，看到有很多人"打赏"主播，也会跟随"打赏"的潮流打赏主播。这时候，这些主播在直播平台上已经拥有了一定的人气，但是还不到网红的程度。此

# 第一章
## 营销变革：直播引爆营销革命

时，直播平台的高管们就会有意识地去推广他们想要捧红的主播们，把与主播相关的直播广告打入直播网站、直播APP的首页或者请高人气网红向他们的粉丝群推荐自己平台上的其他人气主播。

自从直播平台开始发展以来，这种吸粉方式就已经成为固定化的流程，并且这个流程确实能够让主播在最短的时间内吸引大量粉丝。早期直播平台的网红基本都是通过这种方式走上高位的，特别是水军刷"打赏"道具的环节，只要节目质量不差，就一定会引起一大批观众的共鸣。等到主播成为真正的网红，即使没有水军刷"打赏"道具，粉丝圈也会不断地"圈粉"扩大，自然就会有更多的人来"打赏"主播。主播也就可以通过粉丝圈来进一步推广与直播内容相关的产品，增加额外收入。

图1-5  斗鱼主播冯提莫的直播画面

直播的另一关键词——流量快，则是建立在庞大粉丝圈的基础之上，主要来源于两个方面：第一个方面是每个主播固定粉丝圈产生的直接流量，第二个方面是靠引流获得的间接流量。

由主播固定粉丝圈产生的直接流量，顾名思义，就是粉丝流量。在这个"流量为王"的时代，粉丝流量是主播固定流量的主要来源。每个粉丝都是一个IP，每个IP只要点进直播间就会产生流量，狂热的粉丝每天能够产生几十甚至几百的流量。因此，直播平台才会花成本打造网红来大量圈粉，只有培养出高人气的网红，才会有最牢固的粉丝圈，进而才能有最稳定的流量来源。

引流来的流量则是指通过各个地方的直播广告、其他主播直播频道的推荐等第三方而产生的直播间的流量。这类流量往往存在着来源广、流量大、时效性短、不稳定的缺点。直播平台往往在首页或者其他的页面会有大量的标签、热门推荐等，有些看其他直播的人可能会因为好奇点进去看一下。不仅是直播平台，微信、微博等社交形式的推荐，都可以作为引流的方式。因此，第三方引流的方式可以快速大范围地吸引大量的流量，但是在这些流量中，有真正效益的流量只占了很小的一部分。从第三方链接点入直播间的观众，如果直播的内容他们感兴趣，就会停留较长的时间；如果直播内容他们不感兴趣，多数人会毫不犹豫地关闭页面。即使点进去看了一段时间的观众，多数都不会参与主播的互动活动。最后，真正愿意"打赏"主播、购买主播推荐产品的观众，只有极少一部分。

移动互联网为直播提供了吸粉快、流量快的大前提，只有在移动互联网之下，直播才能无限制地吸粉，并通过粉丝来获取大量稳定的流量。流量就是互联网中的商机，有了海量的流量就等于拥有了庞大的市场。

# 第一章
## 营销变革：直播引爆营销革命

## 直播+营销，一拍即合

全球领先的网络解决方案供应商思科（Cisco）在2016年发布的网络指标（Cisco Visual Networking Index，VNI）中预测：2020年全球IP数据流量将增长到41亿人，并且在2015—2020年之间，会有超过10亿的网络用户加入到全球网络之中。因此，在这个互联网覆盖全球的时代，IP和流量成了市场与顾客的代名词，这为"直播+营销"的发展提供了机会。拥有海量流量的直播平台有足够的实力为营销提供最好的网络市场。也就是说直播与营销在这个全球一体化的网络市场中能够一拍即合。

直播与营销能够一拍即合具体表现在以下五个方面：

第一，直播与营销都需要用自身的"品牌魅力"来吸引顾客，因此直播与营销的核心其实都是"流量为王，顾客至上"。能够吸引大量流量的直播内容都有固定套路，都是由网红、明星、高端名人作为主播，以他们的人气来带动流量；也有少部分的直播平台喜欢引用创新的内容，打造特色的主播品牌形象，以猎奇新颖的方式吸引大量好奇心旺盛的观众，进而带来流量。有了庞大的流量，就等于有了市场基底，进而为营销带来了机会。

第二，直播与营销都需要"推销员"。在直播的过程中，每位主播就是"推销员"，他们通过推销自己直播的内容来获得"打赏"。同时，每位"推销员"可以使用自己喜欢的方式，将与直播内容相关的产品推广到自己的粉丝圈。由于在直播的过程中，网红与粉丝之间的互动拥有强大的自由性和随机性，所以每位网红都可以发挥自身的优势，灵活地对粉丝们抛出相应的产品"广告"：在聊天中随机提起自己喜欢的衣服、化妆品、食品等各类产品的品牌或者在直播间内直接放上某产品的广告链接。粉丝们在观看直播的同时，就会因为网红对产品的使用描述产生购物欲，部分粉丝甚至会通过直播频道中的链接直接下单。直播在某种程度上变成了"销售现场"，主播在与粉丝互动的过程中最大限度地发挥出"推销员"的作用，让粉丝直接或者间接地接受了产品的信息。而那些在直播的过程中没有通过链接购买的粉丝，也会在不知不觉中记住网红在直播中经常提及的品牌，在自己有需求的时候就会优先考虑这些品牌。

第三，网红可以成为直播的代言人，也可以成为销售品牌的代言人。网红在化身"推销员"的同时，增加了自己的收入，并且变成了品牌的直播代言人。实质上，在直播的过程中，主播并没有义务去做产品推广。特别是高人气的网红，刻意的广告会造成粉丝大量流失，对他们来说是一种得不偿失的行为。想要网红能够积极推广产品，发挥出网络"推销员"的最大作用，就要给他们足够的动力。如果说"打赏"是主播直播的动力，那么销售的提成和奖赏就是主播推广产品的动力。网红在产品提成的推动下，就会主动制造层出不穷的花样来推销产品，最终由"推销员"变成了产品的网络代言人。草根网红代言品牌已经是全球的潮流，它打破了大腕明星代言品牌的规则，让任何普通人都可以凭借自身的亮点为品牌代言。

英国剑桥市的女孩布莱丝·格林3岁就成了英国本土的小网红，在两周内迅速吸引了超过15万的粉丝，并且在网络上成为10个品牌的代言人。同时，布莱丝还接手了许多模特拍摄工作，拍摄时薪可以达到上千元人民币。

# 第一章
## 营销变革：直播引爆营销革命

图1-6　布莱丝·格林的照片

网红大多拥有绝对的草根性质，他们多来源于普通人群，因此可以吸引很多的普通消费者。草根网红凭借自身的优势以及互联网上庞大的粉丝圈，让品牌能够保持"高、大、上"的同时，还能让品牌变得更接地气，让市场中更多的人愿意去了解、接受产品，从而促使更多的产品销售出去。产品的销量越高，网红的利润也就越大，进一步提升了网红"推销员"的销售动力，形成了一个良性循环的网络市场。

第四，直播与营销能够共同促进、共同发展，彼此形成一个可持续的体系。直播为营销开辟了崭新的网络销售市场，并为营销提供了完整的服务系统，它打破了旧的营销模式，海量流量的直播平台就是销售市场，网红就是产品的"推销员"，拥有了庞大的市场和优秀的"推销员"，营销就能变得更加轻松简单。而营销为直播提供了多种收入渠道，并成为大多数直播的主要收入来源；同时，大量有创意的产品还能够丰富直播的内容，让直播的收益最大化。

第五，直播让消费者能够在互联网上直接与产品进行"对话"。消费者在购物前可以通过网红的介绍，详细了解产品的功能；网红在对产品进行使用测评的同时，可以进一步激发消费者的购物欲。

**直播营销：** 重新定义营销新路径

美国纽约的麦格劳—希尔教育出版集团首席营销官维多利亚·伯维尔曾说过："现在，消费者期待并要求与品牌进行对话，他们特别想了解非常个性化的东西。"

直播能让消费者直观看到产品个性化的一面。网红在直播的过程中能够为观众直观地展现产品个性化的一面，间接达到了让消费者与产品"对话"的目的。

总的来说，"直播+营销"利用自身的优势打破了传统营销死板的印象，让消费者们一边进行社交活动，一边享受直播中潜在的营销活动，让消费者产生消费动力。在消费者产生大量的消费行为之后，直播与营销将结合得更加紧密。

# 第一章
## 营销变革：直播引爆营销革命

## 直播营销，未来营销方案标配

伴随着全民直播时代的到来，海量流量已经在全球网络中形成。未来的营销市场必定会建立在流量的基础上，而传统的文字、图片、视频广告已经无法成为创造流量市场的最佳方式。直到直播营销的出现，许多营销商纷纷跳出传统的广告模式，开始使用直播的方式来扩建流量市场。因此，直播营销已然成为未来营销方案的标配。

2016年9月，著名化妆品牌"法国娇兰"第一次试水直播，与天猫直播合作推出"杨洋百变洋装"。在1小时的时间内，获得了5万粉丝，销售了10000支唇膏。

2017年3月14日白色情人节，法国娇兰联手天猫打造"超级品牌日"，再次请杨洋做客天猫直播间来主持法国娇兰当天的新品首发活动。在整场直播活动中，互动总人数高达3837万人次，天猫直播间点赞842万。他们还联合了斗鱼、花椒、一直播、爱奇艺等10多家大型直播平台进行同步直播。杨洋作为主播向观众推荐的娇兰帝皇蜂姿系列在当天销量增加了一倍。

法国娇兰虽然在3月初就开始做直播的预热活动——在官方微博上发布"杨洋就爱养眼女人"的话题，但是直播才是其销售方案的主体。与2016年的直播相比，2017年法国娇兰在直播上花费了更大的成本，无论是杨洋的形象打造、直播会场的布置效果，还是上海直播会场与北京、杭州、昆明、南京、沈阳、哈尔滨这六大城市专柜的现场链接,都可以看出法国娇兰对粉丝互动的重视。在法国娇兰这场活动安排的所有计划中,几乎都是围绕着直播来执行,直播才是真正实现与全国粉丝互动的重点方案。

图1-7 法国娇兰官方网站首页

由此可以看出,一些大型企业已经开始在直播营销方面进行尝试。法国娇兰就是典型的利用明星效应进行直播营销的企业,并且获得了巨大的成功,但是并不是所有的直播营销都会像法国娇兰一样取得成功。特别是奢侈品品牌,需要花费大量的成本打造直播现场、提高直播内容的质量,违背了直播的草根性,容易造成"利润转化低"的问题。因此,在把直播作为营销方案标配的同时,要注意以下三点:

第一,每个主播都有自己的特点,营销商要利用主播的特点进行直播营销。主播对于营销商来说,拥有"推销员"和"代言人"的作用,然而并不是所有的美女帅哥主播都可以"推销""代言"所有的产品。就法国娇兰来说,这个奢侈品品牌之所以会选择杨洋来主持如此庞大的直播,是因为杨洋的长相、气质、性格、说话方式等各个方面与其品牌形象相符合。

因此，选择与品牌形象符合的主播是直播营销中非常重要的环节。

第二，在直播中提到的话题一定要具备"讨论价值"。主播提出的话题能够引发观众共鸣、激起观众讨论，才是真正有意义的。观众能够在讨论的过程中彼此互动，才会主动给主播留言，与主播互动。毕竟直播的初衷就是"社交"，如果失去"社交"，直播也就失去了它相应的价值。

第三，绝对不要去触碰社会的底线。由于直播营销背后需要庞大的粉丝群体来支撑，因此部分直播平台时常会利用低俗、垃圾、消极的内容来吸引眼球。这类内容虽然不会长久保留，但是确实会带来短暂的大流量，导致一些平台不断去触碰社会底线，靠打擦边球来获得收益。这种做法只会让直播的"寿命"变得短暂。想要直播营销可以做得长久，就必须要建立一个健康、积极、向上的直播平台。

直播越来越火爆，主播越来越多，虽然直播平台的用户也迅速增加，但是主播聚集粉丝的难度也越来越大。现在拥有庞大粉丝群的，除了一些明星主播，就是一些很早就开始直播的"草根"主播。因此，直播作为全新的消息载体，单纯地依靠主播的美貌与才艺已经不能满足直播营销的需求，在把直播当作营销方案的标配时必须遵守以上三点规则，才能获得相应的收获。

# 第二章 抢占风口：无直播，不传播

"先进代替落后"是历史发展的固有规律。先进的媒体工具，必定会为世界带来新的传播方式。从2016年开始，直播作为新媒介的作用在营销市场中已经逐渐展露锋芒，许多有关直播营销的话题成为互联网中的热点。成功的直播营销，不仅影响着企业在网络中的声誉，甚至为整个销售市场带来了翻天覆地的变化。因此，"无直播，不传播"的精妙说法，开始在互联网的流量市场中悄然盛行。

**直播营销:** 重新定义营销新路径

# 小米:CEO雷军直播成网红

发布会是每个企业推出新品的重要方式之一。一般情况下,品牌发布会都会在线下选择一个合适的场地,广发邀请函吸引一大批媒体与观众的关注来为新品做宣传。这种经过长时间形成的发布会举办方式,已经变成了一种惯用的套路。在互联网覆盖全球的当下,这种固定模式的传统发布会,时常会把新品的信息局限在某些固定的范围,无法在全国甚至全世界宣传新品信息。而开创国内首个"饥饿营销"成功案例的小米,则在传统发布会的基础上,利用直播给观众们带来的直观感受的优势,又开始在营销方面创造新奇的点子:

2016年5月10日,小米在召开2016年夏季新品发布会4个小时之后,小米CEO雷军便在小米直播中与全球"米粉"再次相见了。雷军通过小米直播APP对粉丝们仔细讲解了小米新品。粉丝们就线下发布会中没有提及的新品细节,都可以在雷军的直播中留言提问。当天一共有8万多名网友观看了雷军的直播。虽然在两个小时的直播中,观看雷军直播的网民数量比不上当时的高人气网红,但是雷军直播的收益远远超过了那些高人气网红。身家过亿的小米CEO可能并不在乎他在直播中获得了多少"打赏",但是他肯定会在意他的直播能否促进小米产品的销售。同时,雷军也表示自从他首次直播开始,就已经爱上了直播。根据雷军的微博统计,从小

# 第二章
## 抢占风口：无直播，不传播

米直播正式登陆小米应用商店开始到2016年11月份，雷军作为小米直播的"独家网红"一共进行了10次直播活动。

图2-1　小米应用商店中小米直播APP下载页面

作为品牌公司的CEO，雷军不仅用犀利的"饥饿营销"手段抓住了消费者的心理，而且用前瞻性的眼光追上了"直播+营销"的新营销时代。通过雷军的直播，小米手机、小米无人机、小米电视等一系列小米电子产品的销售量都得到了提高，还使2016年4月份才上市的小米直播成为最大的收益赢家。小米直播APP一时间名声大噪，风头甚至超越了发布会中主推的新品。雷军相当于使用品牌的效应与个人的魅力，反过来推广了小米的直播平台，让小米直播平台在2016年5月的百度搜索指数达到了一个高峰，还促使小米直播平台在"百播大战"的背景下能够顺利上市。

作为CEO的雷军成了小米公司名副其实的"王牌推销员"。伴随着雷军直播次数的增多，网友们在直播中提出的问题也越来越犀利刁钻。这位CEO级别的"推销员"发挥自己的聪明才智，不仅在技术上解答粉丝们的疑惑，同时还告诉更多的顾客"小米会带来更好的用户体验"。

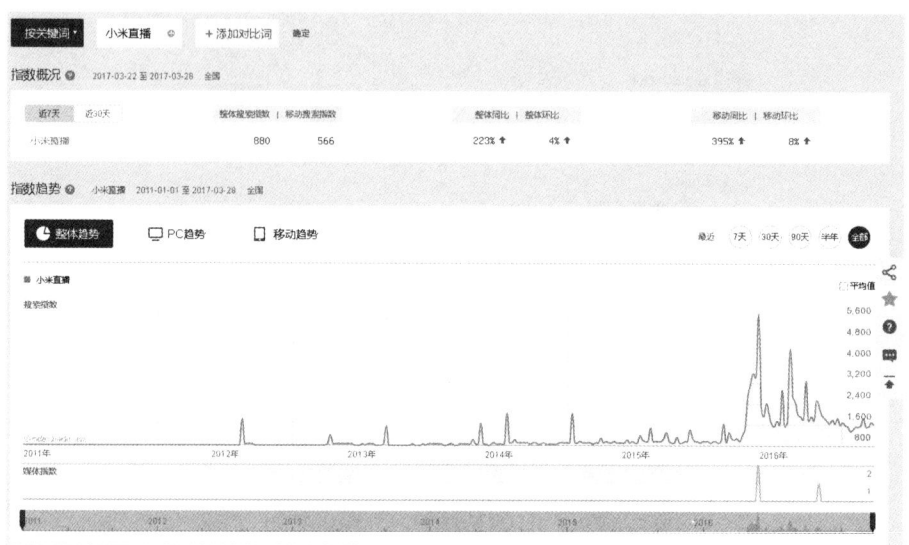

图2-2　小米直播的百度搜索指数

在2016年10月9日，雷军就小米手机5S Plus进行直播。他首先向各位粉丝们详细介绍了小米5S Plus，其次提出了小米5S Plus目前还没有实现的功能，最后阐述了小米5S Plus就是为了给使用者带来更好的用户体验，所以才做出以上设计。

在直播的过程中，有的网友在直播的屏幕上直接吐槽MIUI的广告太多，雷军当场就表示"已经砍掉了好几个亿的MIUI广告合作"。雷军还在直播中对所有小米用户承诺，小米会为给各位粉丝带来更好的用户体验而持续奋斗下去。

小米CEO雷军是一位名副其实的营销专家。在直播的过程中，他时刻不忘用户的感受，介绍产品的同时不忘以"用户体验"为主，任何纯粹的利益都被他放到了身后。雷军在直播的过程中，没有使用线下发布会中演讲的模式，而是用更口语化、更亲密的互动方式与用户进行交谈，达到了企业CEO与终端客户"面对面"互动的效果，这一点是一般品牌公司很难做到的。因此，雷军通过直播体现了他人性化的一面，让广大网民在观看雷军直播的过程中感受到了"企业CEO也是普通人"的一面。因此，在广大客户群体中，雷军才能获得极大的人气效应。

雷军利用自身的个人魅力与强大的号召力为小米直播打开了一条流量通道，同时扩大了小米产品的销售市场，这是"网红CEO"雷军利用直播进行营销的成功之处，尽管小米直播并没有在"百播大战"中一路辉煌下去。因为缺少专业的团队（小米公司内部并没有专门的小米直播部门）、高人气主播以及合适的直播内容，所以小米直播在雷军直播后一直呈现下降的趋势。而小米直播中的几次大流量的涌入，基本都是由雷军带来的。也就是说，雷军单独作为一位"网红"的能力，还不足以撑起一个直播平台。但是，雷军确实因为直播而成为当之无愧的"网红"，并且他通过直播推销确实使各种小米产品的销售量得到了巨大的提升。

因此，从总体来看，雷军的直播营销是成功的。他通过直播扩大了小米产品的销售市场，让更多人了解到小米在"客户体验"方面所花费的精力。雷军在提高个人名气的同时，还在互联网中实现了品牌效应最大化。

# 美宝莲：50位网红直播大秀

随着大众消费水平的提高，传统的品牌营销模式已经无法吸引消费者的眼球，"个性化"成为广大消费者共同追求的目标。因此，作为国际化妆品牌的美宝莲纽约通过一条不一样的营销之路，在追求个性化的市场中找到了最佳营销方案。

图2-3　美宝莲官方网站首页

全球时尚界的发布会总会吸引世界各地的眼球，在观看舞台上光鲜亮丽的走秀之时，总有人会好奇舞台背后是怎样的场景。美宝莲纽约针对人们对时尚的好奇心与追求心，将舞台背后的画面通过直播的方式展现给观众。

2016年美宝莲在上海举行发布会期间，50位网红与代言人Angelababy（杨颖）一起在舞台背后的化妆间开启直播。50位网红站在50个不同的视角,全程直播各个化妆师的化妆过程,就相当于50部摄像机,把化妆间无死角地展现在互联网直播中。50位网红一边直播一边进行解说,50种不同的解说方式各具特色,让观众通过不同的描述多方位体验到美宝莲化妆品的使用感受。同时,美宝莲的代言人Angelababy也在化妆间开启直播模式,并且亲自示范美宝莲新品唇露的使用方法。

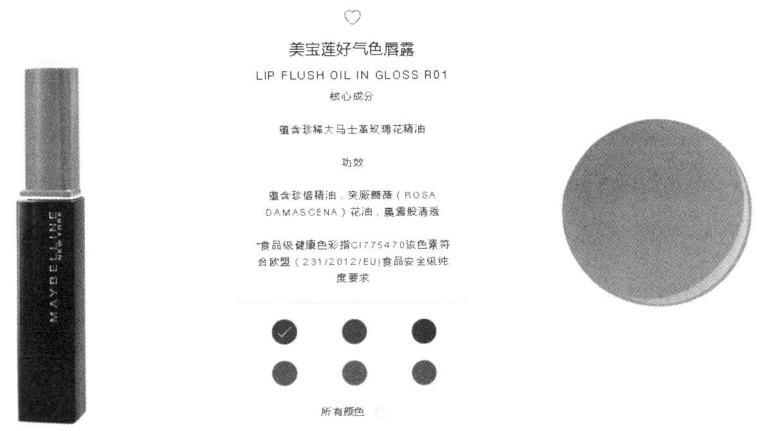

图2-4　Angelababy直播时推荐的唇露

最终,美宝莲线上50名网红加上Angelababy在不到两个小时的直播里,带来了超过500万人次的观看效果。仅凭Angelababy的个人直播,就卖出了10000支新品唇露,加上其他网红带来的销售额,美宝莲纽约发布会最终的利润高达百万元。

作为国际品牌的美宝莲,抓准了直播营销的风口,提前进行大批量的投入,同时利用了"网红+明星"带来的直播流量,占据了网络市场。在直播上的资本投入是美宝莲的有力武器:投入的资本越多,直播这一营销"武器"就越是锋利。因为美宝莲本身就是一个大企业,拥有一定的资本实力,这是其他中小型企业暂时无法超越的。所以,美宝莲才能大手笔地

**直播营销：** 重新定义营销新路径

一次性邀请50位网红。但是，换一个角度去看美宝莲纽约的发布会，为什么美宝莲拥有如此雄厚的资本不去邀请50位明星走秀，反而邀请"民间出身"的网红参与直播呢？

因为在移动互联网的时代，网红能够为观众展示的内容以及为品牌带来的流量效应是许多明星都无法追赶的，甚至在线上、在直播间，网红充满自身个性色彩的"草根光芒"能够压盖住大众明星的"星光"。这是移动互联网直播时代社交方式变化与社交媒体进化带来的必然结果，让直播从个人的社交兴趣变成了一种营销模式。并且，直播用一种"由小到大"的方式逐渐侵入到营销中：直播最先影响的是以网红为核心的小范围群体，在影响不断扩大的过程中，最终吸引了类似美宝莲等这样的大企业。这种方式带来的新颖性是明星效应无法实现的，因为明星需要长期在观众的眼中保持固定的形象，才能维持自己的知名度。但是网红不需要考虑太多的固定形象问题，他们只需要维护好自己的"个性化直播"就能够吸引大批量粉丝。因此，美宝莲作为化妆品牌，利用舞台走秀与大批形象新颖又贴合大众的网红进行直播展示，是与顾客群体最为贴近的营销方案。但美宝莲的直播并没有因为50位网红带来的一时利益而停止，而是进一步将其扩大。

2016年10月13日，国际美妆品牌美宝莲纽约打造的国内第一档美妆直播综艺节目——《拜托了！美宝莲》在天猫、优酷等直播平台正式播出。当天，首场天猫直播有500万用户同时在线观看，互动高达300万次，并且引爆了线上购买美宝莲纽约产品的热潮。

美宝莲自制的直播综艺节目以"直播+综艺+美妆"的营销方式，突破了传统美妆节目展示产品的方式。在直播化妆的过程中，不仅穿插了对产品的介绍，而且添加了许多轻松搞笑的环节来满足观众不同的需求，实现了品牌与消费者的深入互动。观众在观看节目的时候，点击直播画面还可以获取折扣，直接就可以在页面中买到心仪的产品，不需要退出直播间再去购买。

美宝莲的直播营销策略，体现了品牌与时代相连的精神，提高了品牌与消费者的沟通效率。并且，美宝莲以年轻时尚的方式，抓住了直播的受众群体，以符合直播受众的方式传播了品牌的魅力，让更多人看到了美宝莲彩妆的魅力。

**直播营销：**重新定义营销新路径

# 宝马MINI：首将拍摄片场进行直播

在"全民直播"的网络社交时代之下，作为国际汽车品牌的宝马也不甘落后，积极参与到直播营销的过程。美宝莲纽约利用形象各异的50名网红来直播，而宝马与之相反，利用了气质相同的"男神明星"来为新品进行直播，并且创造了一个融合了传统营销的全新直播营销模式。

2016年5月，宝马MINI在新车拍摄现场，首次邀请井柏然、阮经天、秦昊、杨祐宁，并联手《时尚先生Esquire》杂志在互联网上进行连续3天的拍摄直播，为新一代的MINI Clubman做宣传。四位男神级别的明星吸引了一大帮年轻人的眼球，在三天的时间内已经有530多万人在映客观看了这场直播，这足以证明宝马MINI的首次直播营销带来的影响力。

图2-5 《时尚先生Esquire》拍摄图片

## 第二章
抢占风口：无直播，不传播

宝马MINI是首个将拍摄片场搬到直播平台的国际品牌。与美宝莲纽约化妆品来进行比较，宝马MINI的汽车是一个市场地位相对高端的产品，所以宝马MINI的客户对象不是所有的消费者，而是具备一定消费能力的中高端消费者，宝马MINI即使在直播的过程中也必须对中高端消费者保持应有的高端品牌形象。因此，宝马利用四位男神的形象，带动了宝马MINI的品牌形象，同时利用这四位男神的粉丝圈，扩展了宝马MINI新品的销售市场。这些都是宝马MINI的聪明之处，让直播这种"草根"传播方式在高端产品与明星的光环下变得更加有档次，而不是让品牌跟随着直播变成了"草根"。

同样也是汽车品牌利用直播营销的方案，东风风光就凄惨得多。东风风光580的一场100位网红主播参加汽车发布会的新闻在网上掀起了滔天巨浪，虽然100位网红美女主播确实在直播的过程中为东风风光580引来了可观的流量。但是，网络中却流传着大量的关于东风风光580的负面新闻。

一来主流媒体在发布会的现场都被安排在网红美女主播们的身后；二来由于网红们的直播，发布会现场充斥了美女主播们"谢谢大家送的保时捷""谢谢亲们送的法拉利"诸如此类的感谢话语，让东风风光580的发布会变得尴尬起来。主流媒体也在各自的报道中抨击发布会满场的"大长腿""自拍杆"等等，完全感受不到新车带来的冲击力，最后导致东风风光580大批量的负面新闻充斥在网络中，对销量造成了一定的影响。

相对于宝马MINI的直播，东风风光这种急于利用直播引流的方式，带来了最坏的结果，降低了品牌在网络中的地位。由于东风风光没有正确选择适合的主播拉动品牌影响力，反而选择了大量的风格不符的网红，最终导致品牌被直播拉向了"草根"的等级。因此，就算要强占直播营销的风

**直播营销：** 重新定义营销新路径

口，也要根据品牌的定位选择合适的直播营销方案。简单粗暴地利用网红的直播营销方式，已经不再适合塑造高大的品牌形象。所以，品牌要在抢占直播营销风口的同时，考虑自身的品牌定位。

宝马强占直播风口尝到甜头后，再次策划了更加高端、大气、上档次的直播活动。这次活动规模堪比大型演唱会，点燃了互联网中大多数网民的激情。

2016年5月，宝马X1发布会"敢作敢为"音乐秀在云南西双版纳正式举办，并且联手腾讯直播平台，吸引了全球上千万网民的关注。为了体现宝马"敢作敢为"的品牌价值，这场音乐秀灯光酷炫、舞台效果惊人，还有各种明星大腕的参与，现场观众情绪极高。宝马利用年轻人喜欢的嘉宾，以年轻人爱玩的直播模式，传达出品牌"敢作敢为"的核心内容，制造了一场巨大的直播盛宴，让千万直播受众都沉浸于巨大的品牌冲击力之中。

宝马利用"直播营销+传统营销"的方式，彻底击败了东风风光只想单纯抢占直播风口的营销意图。宝马的这场直播盛宴，利用了传统营销中常用的造势手段和聚焦手段，以直播平台为营销载体，贯通了高端品牌、传统媒体、社交社区、用户观众等各个环节，实现了线上营销与线下营销的完美融合。

对于品牌而言，传统营销夸张的造势手段和聚焦手段，是营销长久发展以来积累的成功经验，必定会带来一定的观众收益；直播营销的模式则减少了营销的成本，让观众在直播间直接购买产品，并且通过粉丝来积累、宣传了品牌的核心价值，这是传统媒体无法做到的。宝马将两者进行融合，打造了一场全新的直播营销，完全有资格被称为高端企业的"直播营销教科书"。

# 淘宝：饿货节，百人直播吃外卖

2016年互联网直播平台呈现爆炸式增长，淘宝作为阿里巴巴旗下最大的电子商务平台，也想借助直播营销的方式拓展互联网中的销售市场。

阿里巴巴一直遵守着创立的初衷："为商家、品牌及其他提供产品、服务和数字内容的企业，提供基本的互联网基础设施以及营销平台，让其可借助互联网的力量与用户和客户互动。"而淘宝网，就是阿里巴巴的重点电子商务营销平台。

2016年，在5月14日至17日期间，淘宝举办了为期4天的"5·17饿货节"活动，邀请了同道大叔、暴走漫画、黄文煜、一只鸡腿子等百名网红直播吃外卖。这场"吃货盛宴"覆盖全国300个城市，阿里与100多家知名国际餐饮品牌、100000家餐饮商户联手，为消费者提供"不低于五折"的一系列外卖优惠活动。因此，"5·17"也被视为是"外卖的双十一"。百名网红在直播的过程中，发挥各自的聪明才智"花式吃外卖"，全方位诠释了"5·17饿货节"的特色内容：外卖也可以吃得很健康，外卖也可以吃得很优雅。反手剥麻辣小龙虾、用刀叉吃鸡爪、萌妹子连吃50个生煎、健康达人直播"外卖、减肥两不误"等等，网红的各种吃相，引起了围观粉丝的留言、点赞。淘宝"饿货节"直播第一天，在线观看的人数就达到了上百万。

阿里无线事业部资深总监、手淘本地生活服务负责人庄卓然表示："无论是外卖一族还是外食一族，都已经是现代生活中越来越庞大的一个群体，通过'5·17手机淘宝外卖节'，我们不仅想让更多的消费者体验到便利优质的外卖服务，也希望通过达人们分享优质内容和知识，在用户中倡导更健康有活力的生活方式。"

图2-6 淘宝饿货节宣传图

此外，5月14日至17日期间，每天午饭、晚饭整点时段，通过手机淘宝等直播平台观看"5·17饿货节"直播，观众可以通过直播屏幕领到主播送出的"外卖红包"，在5月17日当天使用，可抵扣"饿货节"上所有外卖美食的货款。手机淘宝尝试的是导购佣金分成模式，主播在自己的视频页为消费者发放"饿货节"红包，根据红包的转化率和使用效率，主播会获得一定比例的内容导购分成。

## 第二章
### 抢占风口：无直播，不传播

淘宝的这次直播营销，就是典型的"网红人海战术"的胜利。同样是百名网红，东风风光就没有做得像淘宝一样成功。外卖相对于汽车，属于人们日常生活中常见的普通"平价商品"，由于其价值不高，所以大多数人在选择外卖的时候都带有很大的随意性。而汽车对于大多数人来说属于"高端商品"，哪怕是极为普通的汽车，人们在选购的时候也会再三考虑。因此，几乎相同的直播营销战略，淘宝和东风风光却收获了完全不同的结果，淘宝利用了直播的"草根创意"让外卖变得花样百出。

淘宝通过"饿货节"上的百人直播，不仅为淘宝直播平台吸引了大批流量，而且为淘宝直播平台留住了大批网红主播。主播们通过"饿货节"的红包，获得了大量的利润，因此看中了淘宝电商直播平台为他们带来的商机：淘宝的主播即使没有自己的网店，也可以在淘宝直播平台上推销其他网店的商品来提高自己的利润，而且淘宝作为国内最大的电商平台，也为这些主播们提供了诸多的商品来源。比如，在"饿货节"当天的直播中，主播们时常会点好几种外卖，他们只需要将外卖的链接地址挂到直播屏幕下方，粉丝们就可以领取主播们发放的"外卖红包"并直接通过链接来点外卖，和自己喜欢的主播吃同样的外卖。同时，主播通过粉丝点外卖消费的资金，也能获得一定的收益；观众通过观看主播吃外卖的方式，获得了一种快乐；外卖商家则借助百名主播的直播，在外卖市场中扩大了自己的名气，提高了外卖销量；淘宝通过这次"饿货节"的直播活动，吸引了大量互联网流量，开拓了网络订餐的市场。因此，淘宝"饿货节"直播活动最终实现了各个方面的"多赢"局面，进而帮助淘宝打开了外卖营销市场。

实际上，淘宝作为中国最大的电商平台，每天都有超过3亿的浏览量，因此淘宝最不缺的就是观众。京东、网易考拉等电商平台的出现，从一定程度上已经给淘宝带来了流量竞争压力。但是直播的出现，再一次分

**直播营销：**重新定义营销新路径

走了网络中的大批流量，如果拥有货源的主播自己通过直播销售商品，从某种意义上来说这类主播就不再需要网点来销售产品了。淘宝为了维护自己的互联网"流量池"，采取了正确的直播营销手段，不仅在外卖方面有了直播，而且在美妆、护肤、服装等各个领域的直播频道都相继推出，让直播营销与电商在无冲突的情况下完美地融合在一起。

# 张大奕：一场直播卖衣赚2000万

淘宝直播从2016年出台以来就一路红火至今，"直播+营销"的模式为商家、消费者以及直播平台都带来了大量收益。并且，在淘宝的直播房间中，一部分网红已经脱颖而出，成为全新IP的代表。这些新颖的个人网红IP，甚至在直播营销方面实现了明星可能都无法做到的销售业绩。

2016年6月20日是淘宝直播100天的日子。在这一天，淘宝邀请了沈梦辰、陈晓东、李菲儿等网红、明星共同直播。但是，张大奕与当时各个品牌的代言人不同——她并没有为任何品牌进行代言，而是在18：00到22：00之间以"红人店主"的身份为自己的新店铺做宣传。

张大奕把这次直播命名为"吾欢喜的衣橱"，并在这次直播中穿着自家服装工厂生产的新品，还不停地更换服装为观众展示各种新衣服。她通过直播，详细地为粉丝介绍了每件衣服的穿着、搭配方式。当然，她也不忘在直播中娱乐观众，抓住任何可以博得观众开心的机会来"耍宝"，比如她因为疏忽将衣服穿反了，就迅速穿着"掉头"并称之为"独家技能"，博得了粉丝大量的留言喝彩。

短短4个小时的直播，张大奕不仅完成了换衣展示、与观众聊天、直播吃饭、带观众参观制衣工厂等多项活动，还发放了许多红包。让观众们在观看直播的同时，还不忘领红包买张大奕新店铺的衣服。相关数据显示,张大奕在"吾欢喜的衣橱"直播中有超过41万的人在线观看,上线的50款服装商品中,某款单品的销售速度曾达到5单/秒,店铺新品成交数量超过10万件,创造了高达2000万元的销售额。

图2-7　淘宝直播100天微博宣传

张大奕在直播的过程中,采取了极其聪明的直播营销方式,博得了观众的信任。首先,她利用自己本职是模特的优势,在观众的眼前进行换装展示,充分让观众体验了服装新品带来的视觉冲击力。其次,她亲切地在直播中展示了自己的生活常态,一边吃外卖一边进行直播,并且还"警告"粉丝不许离开,她随时可能会发红包。最后,张大奕用直播的方式带领粉丝参观了生产衣服的工厂。参观工厂是张大奕整个直播过程中最为关键的部分,工厂的面料房、成衣间、仓库等各个地方,张大奕都在直播的过程中走了一遍,并且还代表观众向工厂里的工作人员提问,只要观众在直播屏幕上提出的问题,她几乎都询问了一遍,并且得到了工作人员专业的回复。

由于直播具备了传播快、工具简单、互动性强的特点,因此张大奕通过直播的方式实现了带领观众去逛工厂的目的,让观众通过直播,更直观地看到服装制作过程中使用的布料、打版等细节过程。在传统的营销模式中,一般都是先将物品卖给顾客,顾客遇到关于商品的细节问题再去问售后客服。而张大奕利用直播营销,更直接地向观众介绍产品的原料、制作过程等,更亲切、真实地展现了商品的价值,进而在短时间内博得了广大粉丝的关注并获取了观众的信任,这是传统营销很难实现的效果。

其实在张大奕淘宝直播之前,明星柳岩也曾在淘宝上做过直播,当时观看直播的人数超过了14万。柳岩在直播中主要介绍了艺福堂的各类产品,其中枣夹核桃卖出了2万多件,柠檬片卖出4500多件,面膜和太阳镜各卖出2000多件。

张大奕淘宝直播带来的效果,甚至打破了明星直播商品销售的纪录,这是由于网红与明星直播吸粉过程本质的不同造成的。明星本身就拥有一定的粉丝基础,并且他们所属的公司往往会提前进行各个方面的宣传,以达到一定的预热效果,有意识地将明星的粉丝向直播平台"引流",因此明星直播也能带来不少的收益。但是,由于目前主流传播方式还是以电视媒体为主,因此直播不会作为明星最主要的行动方案进行详细策划,而网红对待直播的认真态度与明星完全不同。

**直播营销：** 重新定义营销新路径

调查显示，张大奕的团队5月底就与淘宝沟通过，整个直播的内容是张大奕的团队与淘宝共同策划的。并且，在直播前张大奕也做了非常细致的预热，不仅在她的微博上发布了直播消息，而且给店铺会员发送了短信通知，甚至在淘宝APP的首页放上了关于张大奕直播的广告，在第一时间为点进淘宝的观众展示张大奕直播的入口。

张大奕作为网红主播，在这场直播背后做出的努力被2000万销售额的光芒掩盖，但是细究她成功的原因就会发现，这场直播带来的营销效果并不是偶然，而是经过了全方位的详细策划。因此，尽管网红在互联网上拥有强大的粉丝号召力，但是能够带来大量销售业绩的网红背后必定有一个庞大的推广团队以及优秀的策划团队。

# papi酱：八大平台直播，2000万人围观

提到人气网红IP，国内最出名的非papi酱莫属。实际上，papi酱是依靠短视频起家的。在短视频捧红了一批网红的情况下，直播作为一匹黑马杀进了互联网的社交模式之中，因此papi酱也将自己的目光投向了直播。

2016年7月10日，papi酱公布了7月11日将做首次直播的消息，立刻引起了各方面的关注。美拍、一直播、花椒、斗鱼、熊猫TV、百度视频、优酷直播、今日头条八大直播平台同时直播了papi酱的这次"互联网直播首秀"。根据有效统计，直播从21∶00开始到22∶30结束，这期间全网在线观看人数达到2000万。

直播中的papi酱没利用变声器、视觉特效等平时用在短视频中的技术，而是素颜、穿着黑色连衣裙，将最真实的自己展现在粉丝面前。在直播一开始，她就表示了自己有些紧张，显示出她普通人的一面。但是papi酱也不忘表现自己搞怪的一面，充分发挥特色，一路讲出爆笑片段，粉丝也是一路"点赞"。紧张害羞的papi酱还在直播中直言："我一紧张就容易说北京话，我不仅说北京话，我还会'北京瘫'，不，我这是'papi瘫'。"说着，她就肆无忌惮地滑下了椅子，表演了继"上海瘫"之后的全新的"papi瘫"，导致直播屏幕瞬间被粉丝的弹幕刷满。papi酱还像普通人一样和粉丝们聊起了"家常"，谈论了毕业典礼和现在的老公——老

胡，并表示"要珍爱自己的同学，他们很可能以后会是自己的老公或老板"。papi酱灵巧地和粉丝在直播中进行热烈的互动，利用自身的经历稳固了与粉丝之间的联系。

图2-8　papi酱微博主页

papi酱的此次直播活动只是一次试水，她还没有在直播中融入任何商业元素，只是单纯地想用直播来维护人气。但是papi酱的这次试水，让她成功地收获了大量的流量。实质上，papi酱自身就是流量的集合体，虽然papi酱还没有"明星"的头衔，但是她直播带来的最终效果甚至可以超越很多明星带来的效应。这一切都是"全民直播"时代下独有的文化现象，是直播作为社交重点模式影响互联网信息传播的重要体现。虽然papi酱没有在直播中销售任何产品，但是据网友的计算，"打赏"papi酱的礼物可

# 第二章
## 抢占风口：无直播，不传播

能就有90万元。尽管针对"打赏"的这项数据各大直播平台都没有做出回应，但是papi酱在八大平台上共吸引了2000万人的关注是铁定的事实。

不过papi酱从短视频到直播的转换，并没有获得所有人的认同。papi酱的这场直播，很多观众还是觉得略显"粗糙""单调"，并且在部分直播平台上甚至出现了严重的"掉粉"现象。比如，原本一直播中papi酱的粉丝超过了400万人，但是当天直播结束之后，其粉丝人数降到了247万人。

然而"掉粉"现象并不能证明papi酱的直播就是失败的，因为papi酱的直播与一般的直播不同，她的直播价值更体现在"直播后"。

微博目前仍是papi酱直播预热和后期宣传的主阵地，所以在直播结束之后，papi酱直播首秀的视频仍被重复观看，这也造成了观看量的持续上升。截至2016年7月12日上午8点，累计有7435.1万人次观看过papi酱的直播，也因此获得了1.13亿次点赞。

由此可见，papi酱实质上是使用了传统的社交平台与直播相结合的方式，利用"直播+微博"创造了大多数直播做不到的"直播后"的价值实现。在一般情况下，大多数主播在直播的时候，都不会刻意录下直播内容。即使录下来了，并将这些直播视频放到微博、优酷等视频社交平台上，也很难实现高点击率；就算有一时的点击率，往往也很难实现长久的效果。但是papi酱的直播视频，至今在微博、优酷等社交平台上还有上百万的点击量，这是papi酱个人IP创造的独特价值。

因此，从这方面来看，papi酱的直播是一次成功的试水。papi酱不一定要实现从短视频到直播的转变，但是她可以采用"直播+"的方式，让自己的视频站在直播的角度上创造更大的价值。而"全民直播"的大前景为papi酱提供了直播视频的传播背景,让"papi酱直播"成为微博上的热门话题,进一步吸引了更多的流量,从而为papi酱的短视频众创平台"papitube"输送了流量基础。

第二章
抢占风口：无直播，不传播

## 杨元庆：传统企业的新玩法

在"百播大战"爆发之时，不仅类似美宝莲纽约这样时尚潮流的企业想要借助直播营销的力量创造更大的价值，一些传统企业也在直播中找到了新玩法。在这些传统企业中，联想就是个典型的例子。

杨元庆是联想集团的总裁兼首席执行官。他1989年加入联想集团，从一名普通的电脑推销员开始做起，最终在2011年登上了联想总裁的宝座。

在2015年的联想誓师大会上，杨元庆就说过："联想认为自己很传统，所以我们要通过变革转型的方式，来使得自己更加适应互联网时代的要求。"并且杨元庆曾在记者的采访中说过："联想应该把自己看成是一个传统企业，只有传统企业才要转型。"因此，他在誓师大会上向全体联想员工喊话"彻底改变自己，推动彻底快速转型"，为联想作为传统企业的转型指明了道路。

在"彻底改变自己，推动彻底快速转型"方面，杨元庆自己利用直播做了一个良好的示范。2016年端午假期期间，杨元庆在映客上直播了联想在美国举办的Tech World创新主题会议，并且在现场与直播平台上的联想粉丝进行互动。据有效统计显示，这场直播在最高峰的时候吸引了200万直播观众同时观看；并且在5个小时的直播之后，映客的联想官方新媒体负责人账号下增长了30多万人的关注量。这些数据都是联想直播营销收获的流量市场，是杨元庆带动联想转型的重要体现。

实际上，联想的这次直播营销之所以能获得成功，绝对不是偶然，而是杨元庆很早以前就预计好的。

杨元庆是在2014年才注册微博账号的。他在2016年1月前往芬兰出差期间，开启微博直播模式——从北京一路发微博到了芬兰。发自拍、录各种短视频、秀芬兰雪景等，一切他看到的事物都没能逃过他的手机。杨元庆在微博上与观众的互动，吸引了一大帮网络粉丝的关注。于是，杨元庆在2016年果断地选用了映客直播平台，作为企业直播营销的载体。既然Tech World创新主题大会让联想这个打着"传统"名号的企业尝到了直播营销的甜头，那么杨元庆的直播之路就绝对不会在这里画上句号。

图2-9 联想总裁杨元庆的微博

2016年8月9日，联想以"放肆联想　放肆爱"为主题举办了联想粉丝节。在这次的活动中，联想总裁杨元庆再次作为主播之一出现在直播间，在映客这个直播平台上与互联网中的粉丝进行互动。而且，联想还邀请了摇滚乐队、明星大咖一起来助阵，同时还向观众们展示了大量联想产品，让观众在享受音乐与明星颜值的同时，将联想的产品一起刻入脑海中。

在这个信息爆炸的时代，就算是拥有一定知名度的大型企业，也要考虑如何将企业品牌和企业产品植入消费者的内心深处。因此，作为传统知名企业的联想才要努力创新、努力转型。杨元庆会如此看重直播营销带来的市场流量，是因为直播让联想获得了其他销售模式无法带来的巨大收获，让联想在推广方式上找到了正确的入口。杨元庆最终通过直播获得的利润大于投入的资本，才让联想确定了走直播营销的道路。

直播营销是目前最为理想的品牌推广方式。在"直播+"成为流行的当下，即使是曾经拥有巨大品牌影响力的企业，在广告传播方面也无法占据绝对的优势。互联网的直播平台在这个时代拥有社交优势，有社交才能传播；只有把产品信息传播出去，才会有流量和市场。传统企业的高冷和遥远的距离感可能让其产品营销无法触及消费者的内心，而直播却能使企业更加"平民化"，博得消费者更多的关注。联想总裁杨元庆也是利用了这一点，让传统的"高冷"企业变得更加"平易近人"，最终为联想开辟了互联网流量市场。

# 奥克斯：微电影+网红直播

目前，直播已经开辟了一个崭新的营销时代。已经使用过直播营销模式的企业，大多数采用的是线上直播与线下发布会相结合的模式。然而，高新技术企业奥克斯集团却采用了一种更加新颖的"直播+"营销模式。

奥克斯制作的第一部微电影《树洞的秘密》全网上线一周后获得了1200万的点击量，还登上了央视微电影优秀微电影榜单TOP10，成为家电企业奥克斯打入互联网流量市场的一个重大契机。随后，奥克斯与拥有170万粉丝的写手、微电影导演仲尼合作，在2017年拍摄了微电影《态度》三部曲。

2017年3月10日，在奥克斯空调电商峰会上，微电影《态度》三部曲宣布杀青。在这次峰会上，奥克斯还邀请了网红李猫儿、卢雨洁、张小奈进行现场直播，并不定时地在直播过程中送出"惊喜"来促进观众的互动热情。通过这次直播，奥克斯将新品发布与微电影杀青结合在一起，不仅将互联网中集中在微电影上的流量引向奥克斯品牌，而且扩大了互联网销售市场，获得了大量网民的关注，为奥克斯的产品搭建了潜在的互联网流量市场。

# 第二章
## 抢占风口：无直播，不传播

图2-10　奥克斯《态度》三部曲之追梦篇微博宣传

从此次"微电影+网红直播"的峰会上可以看出，奥克斯集团已经把市场瞄准了当下年轻人群体，将营销与当下的流行因素进行全方位结合。奥克斯集团不仅在已经获得成功的微电影方面加大投入，而且在直播营销方面花费了大量成本，创造了独属于奥克斯的"特殊"微电影直播营销模式。奥克斯这种独特的营销模式，使得年轻的消费者群体以最快的速度接受了奥克斯品牌的推广内容，使他们在体验"微电影+网红直播"的娱乐过程中积极与品牌进行互动，最终达到了用品牌魅力"感染"消费者的目的，并且使消费者与品牌建立了共同"认知"。

其实，奥克斯集团早在2016年杭州设计生活节上就已经使用了一种潮流的直播营销方式。在生活节现场，奥克斯布置的"快闪店"充满时尚感，充满茶艺氛围的简约风格让一大帮年轻人停下了脚步。以"茶"为核心、以电器为背景布置的"快闪店"，让消费者感受到了奥克斯时尚、简约、快乐的生活态度；茶艺文化的氛围，加深了消费者对奥克斯品牌的认知。不仅如此，奥克斯还聘请了张小奈、"小周迅"等网红来到现场。不过奥克斯在此次直播营销中最妙的地方是，没有让"小周迅"直接宣传品牌，而是让她在杭州生活节现场逛了一圈，通过直播带着粉丝逛生活节，最后在奥克斯的"快闪店"停下来，以自身的"生活态度"提到奥克斯"只做有态度的空调"的概念。

图2-11 奥克斯集团官方网站首页

奥克斯这种抛砖引玉的直播营销方式，让观看"小周迅"直播的观众群体完全没有想到所有的过程都是奥克斯事先策划好的，让观众在不知不觉中接受了奥克斯关于"态度"的概念。直播成了奥克斯获取流量的通道，而创新的方式是奥克斯吸引流量的重点，因此奥克斯才能成为直播营销"创新"的先驱。奥克斯通过不断地利用直播与新事物结合的方式，吸引了直播受众的眼球，进而获得了一次又一次直播营销的胜利。所以，奥克斯集团直播营销的做法，拥有典型的"针对性"，主要针对喜欢看直播、欣赏直播并且在直播中获得快乐的年轻人。这类人群也是直播的主要受众。只要抓住了直播的主要受众，就等于拥有了大部分直播的流量。在这个"流量为王"的时代，抓住直播的流量就等于拓展了互联网中的销售市场，有了市场才能有销量，才能最终让品牌成为消费者心目中的"王者"。

2016年底，奥克斯又提出了"全民跑：跑出健康、跑出优惠"的概念，并且围绕着这个概念与多家企业联手打造了"奥跑团"。奥克斯邀请了明星、网红以及各界名人共同参加奥克斯品牌日"全民跑"的活动。正因为有各大直播平台的网红加盟，奥克斯当天的活动引爆了整个互联网，才获得了各大直播平台观众的青睐。

奥克斯灵活地利用了各类时尚元素与直播进行融合，最终让直播的流量在淘宝、苏宁易购等电商平台上实现了变现的最大化。无论是线上的还是线下的活动，都是奥克斯营销的重点模式，并通过网红直播的方式打开了年轻消费者的市场。

直播营销：重新定义营销新路径

# 舒客："花式"直播导购

舒客作为国产口腔护理品牌，从2006年上市至今已经与高露洁、佳洁士、中华、黑人、云南白药这五大牙膏品牌齐名。舒客在2012年实现了10亿元的营收，成为中国第六大牙膏品牌，主要依靠的就是舒客品牌前卫的营销战略。而在2016年的"百播大战"中，舒客采用了"花式"直播导购的方式打造了互联网内容营销的盛宴。

图2-12 舒客旗舰店首页

舒客一直保持着前瞻性的销售眼光。在很多人认为日用快速消费品单价不高、利润不大，而且消费者主要是年龄偏大、不喜欢网购的人群的时候，舒客就毅然决然地走上了电商这条道路。然后，舒客用极其出色的表现，在2014年"双十一"当天实现了100万元的销售额，证明了日化用品在

## 第二章
### 抢占风口：无直播，不传播

互联网中也能占据一定的市场。舒客作为行事作风极为大胆的口腔护理品牌，在2016年的"百播大战"中也不忘借助直播营销来推广一把。

2016年7月，舒客就与蓝月亮、百丽等十几个知名品牌进行合作，邀请网红、韩国明星等在淘宝直播平台上推出大型旅游购物综艺节目《淘跑计划》。观众通过淘宝直播平台观看《淘跑计划》的同时，还可以通过留言的方式与明星和网红进行直播互动。首期直播的主题是"网红与韩国男神的约会"。观众可以通过直播留言的方式决定网红的穿着以及网红是否能与男神约会。这种"直播+综艺"的推广方式打破了传统综艺的互动界限，让观众拥有更好的互动体验。

舒客此次的"试水直播"，首播就创造了17万人同时在线观看的纪录。这种"直播+综艺"的做法不仅以全新的综艺展现方式为观众带来了新颖的体验，为淘宝直播平台吸引了大批互联网流量，还以优质的直播内容为舒客品牌引来了购买流量，推动了舒客品牌的销售转化率，让消费者感受到了更好的品牌和相关产品带来的服务体验。

舒客的"直播+综艺"给观众带来了与传统综艺节目不一样的娱乐体验，让观众参与到直播综艺游戏中，让观众体验到更好的社交娱乐。"直播+综艺"所带来的优质内容是传统综艺无法实现的，这也是舒客看中直播营销的最大原因。

舒客在2016年9月20日发布智能蓝牙声波牙刷时就提出："将会通过智能口腔护理硬件，打通与消费者的连接，建立'口腔大数据'，以移动大数据来增加品牌与消费者的黏性，实现从卖产品到卖服务的转型。"

正因为舒客通过"花式"直播的方式，为顾客带来了更好的服务体验，符合舒客"从卖产品到卖服务的转型"的目标。所以舒客在直播营销的道路上，不停地进行"花式"创新，利用直播为客户带来更好的用户体验。

舒客在"试水直播"中尝到甜头后，在2016年9月6日邀请品牌代言人李冰冰登上唯品会的直播平台进行品牌推广。在此次的直播过程中，舒客不仅推广了各个口腔护理产品，同时还推出了"冰白亮齿"口腔护理套装作为李冰冰的"直播套装"。

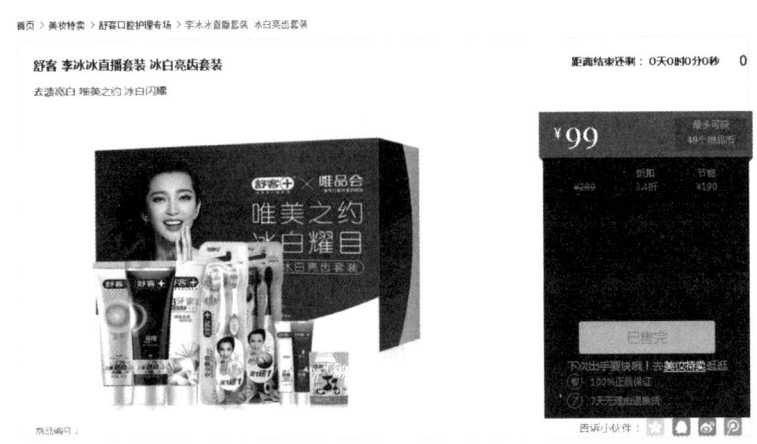

图2-13 李冰冰在舒客直播中主推的套装

2017年3月5日，舒客在唯品会直播平台中打造了一场口腔健康的"穿越之旅"，从探究3000年前古人刷牙的小故事开始，带领观看直播的观众参观了舒客的"口腔历史博物馆"。而此次直播的主播，是舒客全国研发实验室的总监。具有权威性的实验室总监亲自上阵，在直播现场为观众专业讲解口腔问题。同时，在直播的过程中还有其他专业人士穿插一些有趣的产品小实验，让观众更直观地了解了一些口腔护理小知识以及舒客相关产品的原理，进一步提高了舒客在用户心目中的品牌信任度。

舒客这几次直播营销的活动中，利用"花式"直播导购的方式，让品牌与直播平台进行了深入合作；通过为观众展现出不同的直播内容，打造了全新的互联网流量市场，使更多互联网中的年轻网民开始关注舒客品牌，让传统的日化产品成为网络中热捧的对象。这些都是由"花式"直播导购为舒客带来的营销成果，让舒客在营销的过程中以优质、新颖的内容博得观众的好评，为舒客从卖产品到卖服务的过渡构建了一定的市场流量基础。

# 第三章 03 兵临城下：直播营销时代已到来

"交互"是互联网时代永恒的关键词。在过去，传统营销主要依靠物与人之间"一对一"的交互体验，达到销售的目的。而现在，以社交为核心的直播，不仅将营销的交互从"物对人"变成"人对人"、从"一对一"变成"多对一"，还为企业营销带来了各方面的优势。虽然企业对直播营销领域的探索还处于初级阶段，但是直播营销已经显露出许多领先于其他营销模式的先天性优势。这些优势不仅可以触发企业的流量经济，而且能在一定程度上提升企业品牌营销和产品销售的价值。因此，直播营销的时代已经到来，为了让企业能够在这个时代如鱼得水地生存下去，除了认同直播营销的价值之外，还要避开直播营销中的三大"坑"，并摆脱目前直播营销存在的困局，不要被直播繁华的盛景所迷惑。

**直播营销：** 重新定义营销新路径

# 为什么是直播营销？

专为大型企业提供商业智能深度服务的美国因赛特集团（Incite Group）创始人尼克·约翰逊在《新营销，新模式》一书中提到过："拥有最多营销预算的品牌不一定会赢，但是，拥有最佳客户体验的品牌一定会赢。"由此可以看出，品牌带给客户的体验已经成为当下营销的重点。只有客户体验良好，优秀的品牌印象才能根植于客户的内心。在这个以社交为娱乐核心的社会中，只有最好的社交模式才能带给客户最好的体验。因此，在"全民直播"时代之下，直播营销才是为客户带来"最佳社交体验"的最好的营销模式。

所谓的直播营销，就是通过直播现场事件的发生过程，同时进行制作、播出的方式，并且以直播平台为载体，达到为企业品牌推广的效果。直播本身就带有强烈的社交性质，因此社交也会成为直播营销的重点。尼克·约翰逊在《新营销，新模式》一书中还提到过："对首席营销官们的调查显示，目前营销预算的9.4%都被投入到社交活动中。据预测，这一预算到2020年将增至21.4%。"正因为直播是建立在社交的前提之上，直播营销才能被目前许多企业视为主流营销模式。观众通过在直播中留言、发送弹幕的方式，与品牌进行直接对话，实现了客户与品牌的社交；观众又可以通过观看其他人的留言和弹幕，实现观众与观众之间的社交。在不断的社交过程中，直播营销发挥了以下几大作用：

## 第三章
### 兵临城下：直播营销时代已到来

第一，直播营销发挥了强大的自主性。

在一般情况下，营销都需要商家去主动联系客户，但是直播则打破了营销在市场中的被动地位。在信息呈现爆炸式增长的当下，观众寻找娱乐性的内容已经成为一种本能，当他们在直播平台上看到自己感兴趣的内容，自然而然就会促使他们点进去观看。有了观众就等于有了流量，在互联网中拥有了流量就等于打开了销售市场，最终逆转了营销活动的被动地位。让观众主动参与到营销活动之中，观众通过参与企业的直播营销活动，不仅加深了对品牌的良好印象，而且能够起到品牌带动市场的效果。

第二，直播营销发挥了强力的掩盖性。

到目前为止，还没有出现任何强力的互联网社交方式能够代替直播在网络社交中的地位。观众通过直播平台观看丰富多彩的营销活动，甚至在很多情况下，观众并不会认为这些活动是一种营销行为，他们更多的是带着娱乐的眼光来观看直播。然而，在观众聚精会神地观看直播并参与到直播讨论中的时候，品牌印象已经在不知不觉中深入到一部分观众的内心深处，并将这些观众转化为品牌的潜在客户。因此，直播将企业营销性质的活动完美地用娱乐的方式掩盖，让观众在不经意间对品牌形成深刻的印象。

第三，直播营销实现了快速变现。

企业可以通过直播营销的方式直接将聚拢来的流量变成利润。直播采用"一对多"的模式，也就是说让一位"销售员"面对上百甚至上万的客户，不仅节约了人力成本，而且让观众通过直播窗口边看边买，用最直接的方式实现流量变现。这种变现模式与一般意义上的依靠"打赏"的直播流量变现不同，直播营销带来变现的最大来源是产品。在变现的过程中，将产品大量销售出去并扩大品牌的影响力，才是直播营销为企业带来的真正收益。

**直播营销：** 重新定义营销新路径

所以，直播营销通过强力的社交模式为观众带来美好的感受，聚拢了互联网中的大批流量，成为目前最有传播效果的营销模式。正因为直播营销利用了最新的传播媒介——直播平台，通过平台直接汇聚了网络中喜好类似的客户，建立了一个具有"黏性"的受众群体，直播营销才能够开启一个新的营销的时代，甚至让许多大型企业都迷恋上这种营销模式。

巴黎欧莱雅与美宝莲纽约一样，属于欧莱雅集团下的化妆品牌。在2016年第69届戛纳电影节中，巴黎欧莱雅联手美拍直播"零时差追戛纳"系列。全程记录了巩俐、李宇春、井柏然等明星在戛纳电影节台前幕后的表现，并且明星们还可以通过美拍直播平台与观众进行互动。巴黎欧莱雅此次的"零时差追戛纳"直播活动，创下了311万总观看次数、1.639亿点赞数、72万总评论数的纪录，并且在4小时的直播后，李宇春同款欧莱雅轻唇膏在天猫旗舰店售罄。

图3-1 欧莱雅天猫旗舰店展示的李宇春戛纳同款唇膏

欧莱雅就是典型的利用直播营销打造品牌营销力的企业。无论是美宝莲纽约，还是巴黎欧莱雅，欧莱雅集团在两个品牌的直播营销上都投入了大量成本。通过一般直播平台上的主播无法给予的"高端"直播，给观众带来全新的直播体验，满足了观众的内心需求，并且使观众感到愉悦，最终获得的成效就是互联网市场大开、产品脱销、流量快速变现。这些都是由直播带来的营销成果，因此直播营销将是这个时代的主流营销模式。

# 直播营销VS传统营销

在移动互联网覆盖全球的当下,在网络中高速流动的海量信息分散了用户的注意力,因此打造了一个"快速阅读"的时代。传统营销中传递信息的方式已经无法在移动互联网中聚拢用户注意力,更无法开辟产品在互联网上的销售市场。当吸引用户的注意力成为品牌营销的战略重点的时候,以社交、互动为主的直播平台填补了传统营销的缺陷,为营销模式的转变带来了新希望。

传统营销在移动互联网时代背景下存在着许多缺陷,并且这些缺陷往往在发生的时候会造成不可逆转的后果。而直播营销模式能够弥补传统营销中的缺陷,并且使营销活动在开展的过程中实现利益的最大化。

第一,直播营销比传统营销更能带动市场。

由于互联网连接了全球各个角落,因此在"只要拥有一部智能手机,人人就可以成为信息传播源"的自媒体时代,微博、推特等社交平台上一旦出现品牌的相关负面新闻,就能以非常快的速度传播到世界各个角落。使用传统营销模式的企业因为缺少与用户的沟通,时常会在面对互联网中流传的负面消息时束手无策,最终放任消息的流传,无法针对互联网市场做出及时的应变,最终影响了品牌的整体形象。但是,品牌可以通过直播让营销活动变成信息的来源。也就是说,品牌也可以利用自媒体让直播成为宣传品牌优势的工具,抢先让品牌推广出去,并在直播的过程中与产品用户进行直接互动，了解产品缺陷。在这些缺陷还没有全网散布之前，对产品进行优化，提高用户的满意度，最终使品牌形象在用户群体中得到升华。

第二，直播营销比传统营销更具有互动性。

在一般情况下，传统营销就是利用销售员与顾客之间一对一的传播方式进行销售。如果以这种方式来与大量客户建立社交关系，往往需要巨大的成本，因此大多数企业在利用传统营销模式的时候会忽略与顾客的社交互动。但是在不建立社交关系的前提下，过分刻意地推销产品，很难将产品信息有效地推送到顾客的脑海中，甚至会激起顾客的厌烦心理。并且在营销的过程中，这种纯单向的信息传递方式完全不利于双向沟通，顾客无法把相应的产品信息反馈给企业，最终会导致顾客大量流失。一些品牌在进行传统营销的活动中，即使会建立相应的微博、微信公众号来与顾客建立关系，但是这种建立关系的方式也无法照顾到大部分人——毕竟一般的企业很难及时回复每个留言，有问题的顾客也很少去仔细查看前面留言中是否存在解决问题的办法。而直播营销自带社交性质，给观众带来强烈直观感受的同时，让观众尽可能参与到营销活动之中，及时向企业反馈产品的优点和缺点，进而达到了品牌与顾客沟通的目的，使顾客对品牌建立强烈的信任感与依赖感。

第三，直播营销的变现率更高。

有效的营销活动能够吸引大批注意力，并且将这些注意力转化成客户消费动力。但是现在传统营销活动在聚集注意力方面就已经落后，时常需要消耗大量成本去举办线下活动才能获得极少的客户注意力，那么想要进一步把客户的注意力转化成消费力则更加艰难。而直播营销让观众边看边买，不仅方便了观众，而且提高了直播营销的变现率，让观众享受直播带来的娱乐的同时，变成了产品的忠诚用户，并且愿意为购买产品支付相应的费用。

因此,传统营销模式存在的缺陷已经无法适应当下的市场。目前销售市场需要的是一种可以弥补传统营销缺陷的新营销模式,并且这种新营销模式可以通过社交手段聚拢大批注意力。根据现代社交和营销的发展趋势,这种新营销模式就是以直播平台为媒介开展的直播营销。直播营销能够利用自身在社交方面的优势,逐一弥补传统营销中的缺陷,实现传统营销活动中无法实现的目标。

汰渍作为全球日化企业宝洁公司旗下的重点品牌之一,早期采用的营销模式是"价格策略",也就是通过降价活动来吸引一批消费者,等积累了一定消费者群体后,再将价格提升。但是在提升价格的过程中,不可避免地造成了市场中部分消费者资源的流失。并且,汰渍在降价的过程中还要保证不能失去宝洁的品牌形象,因此需要在广告上投入大量成本来维护品牌形象。汰渍这种传统营销的模式在最开始的时候还能够获得一定的成功,但是伴随着移动互联网的发展以及智能手机的普及,这种传统营销模式已经无法满足大部分消费者。因此,汰渍开始利用一些新型营销模式来拓展消费者市场以及维护品牌形象。

图3-2 汰渍微博首页

汰渍首先聘请了当红明星张艺兴作为品牌代言人，然后在2016年8月22日邀请张艺兴参加当天天猫的品牌直播活动。整场直播下来，张艺兴累计获得了1690万的点赞和将近5万的评论，成为当时天猫全品类互动第一，让汰渍洗衣液荣获"国民洗衣液"的称号。在直播活动的过程中，张艺兴亲自演示汰渍产品的去污效果，让汰渍的新品在刚刚推出的时候就在线上被秒杀。

由于传统营销模式的缺陷，品牌产品很难实现在营销的过程中被秒杀。而直播营销就能够打破传统营销的限制，让营销带动市场，进一步提高营销过程中的互动性，降低营销成本，最终实现了让观众边看边买，让品牌在营销的过程中不断地获得利润。

直播营销：重新定义营销新路径

# 直播营销VS视频营销VS内容营销

　　伴随着互联网技术的发展，每一次社交媒介的更新，都会带来营销模式的改变。但是网络作为人们社交的基础框架不会改变，只要能够占据互联网中的流量市场，就等于占据了互联网销售市场。因此，企业根据社交媒介的演变，衍生出了许多营销手段，而且这些营销手段在曾经的销售市场上都有过一段辉煌的历史。从曾经社交门户站中火爆一时的短视频开始，到现在各大直播社交平台的崛起，直播不可避免地成为这个时代的主流营销手段。

　　早期在微博等社交门户平台火爆的营销手段，除了文字、图片，最为出彩的就是视频营销。视频营销主要指企业将各种与产品相关的视频发布到互联网中，达到对品牌、产品的宣传目的，进而吸引网络中的流量。很多网络视频广告都是利用类似视频短片的形式，放到互联网上的微博、优酷等社交平台中，通过诱导平台中用户的点击量来提高自身的流量。视频营销实际上就是以短视频为载体进行营销活动，包括电视广告、网络视频、微电影、宣传片等营销方式。这种"短视频+营销"的模式，曾经确实在一段时间内获得了极大的成功，特别是在微博、微信等社交平台发展达到高峰期的时候，热门短视频时常能在极短的时间内吸引成千上万的流量。但是伴随着视频制作技术与社交平台的不断进化，短视频这种娱乐方式已经无法满足观众，视频营销的缺陷也逐渐暴露出来。

# 第三章
## 兵临城下：直播营销时代已到来

腾讯旗下的短视频分享网站"微视"于2017年4月10日宣布关闭应用。"微视"在推出的时候，以"8秒短视频，讲述你我的故事"为主题曾受到一批观众的欢迎，并且邀请了许多明星大咖来为"8秒短视频"坐镇。

图3-3 腾讯微视邀请的一部分明星大咖

虽然微视成立于短视频爆炸的2013年，但是相关数据显示，微视的用户量一直未超过5000万。而且在很早以前，就已经暴露出微视产品部总经理邢宏宇离职、运营总监何钐转岗、产品部多个项目组解散等消息，腾讯最终还是选择放弃微视。

由此可见，视频营销的模式已经成为过去。因为，现在短视频已经无法在几秒钟的时间内向观众传达他们想看的内容，而且普通用户拍摄视频质量一般，明星能够提供的优质视频又越来越少……这些都导致了内容优质的短视频成了稀缺资源。再加上秒拍、微信短视频、QQ短视频的推出，即使微信和QQ都在腾讯旗下，但是这些应用都在一定程度上瓜分了微视的流量。并且短视频在上传的时候，需要占用大量带宽、花费人力资源审核，并且在宣传上还要做大量广告，购买短视频中的特效、音乐版权。因此，想要使用视频营销，就必须要在幕后进行强力炒作，才能在互联网上

**直播营销：** 重新定义营销新路径

吸引大批流量。

由于视频营销缺乏优质的内容资源，让越来越多的营销专家又重新认识到了内容营销的重要性。内容营销就是通过发现或者创造对于消费者来说有价值的信息，并且通过分享信息来达到推广品牌的目的。这种方式需要企业与客户拥有高度的思想契合度，才能让企业获得相应的产品受众，并且促使这些受众转变成产品的消费者。实际上，内容营销潜伏在很多地方，文字、图片、视频等营销方式都可以与内容营销相结合。其实，内容营销实现起来并不容易，现在很多企业在微博、微信等平台中都使用了内容营销，但是大多数企业都没有获得理想的成果。

内容营销的最终效益，取决于发布信息的价值。但是正因为内容营销对信息内容的过分看重，导致了很多企业走向了内容营销的误区。很多企业都认为信息量越大，在互联网中捕获的流量就会越多。实际上，信息量的多少并不是内容营销的关键，而内容营销的信息价值主要体现在信息的载体、信息的正确性以及信息与观众的关联性这三个方面。为了让内容营销的信息有价值，企业首先要做的就是深入了解消费者的心理，直击消费者的需求；其次要针对消费者的心理和需求研究相关产品，并制作相应的产品信息，这些产品信息必须能直接戳中消费者的"痛点"；最后拿自己的产品信息与其他相关产品信息比较，确保信息拥有绝对的抢眼性，能让消费者有耐心地看完全部内容。企业只有完成了以上步骤，内容营销才能获得真正的成功。但是，如果真的想要认真按照这些步骤实行，就要花费大量的成本。在一般情况下，很少有企业能做到在每一次的营销中都能够花费如此大的成本，并且这些成本只是单纯地投入在信息的"内容价值"中，还不包括营销活动的成本。直到直播营销的出现，企业终于在收集"内容价值"上迎来了一次重大的转折。

通过直播来进行的营销活动填补了内容营销中的缺陷，当消费者在观看直播的时候，某种意义上就等于他们自主挑选了想要观看的内容，因此在"内容价值"方面企业可以减少大量成本；直播本身就自带强大的社交功能，企业在进行直播营销的时候，就可以通过直播平台直接调查消费者的心理和需求，并且企业可以根据直播中观众"现场"提出的问题和需求做出相应的回复与保证，进而为企业树立一个"以消费者为主"的良好形象。所有内容营销中难以实现的目标，利用直播平台这个媒介都可以轻而易举地实现，只要直播的内容有足够的娱乐性，能够吸引观众的眼球，那么品牌的宣传效果自然不言而喻。

直播营销在模式上战胜了视频营销，在展现方式上融合了内容营销，因此才能成为这个时代营销活动的主流。

**直播营销：**重新定义营销新路径

# 直播营销，触发流量经济

　　流量是评估互联网中品牌效应的重要指标之一。而直播平台可以轻松聚集网络中的海量流量，这些流量随着直播领域的细分，使直播的内容更具有针对性，也使企业利用直播营销进行品牌推广更加便利，同时有针对性的直播营销还能获得大多数观众的认可。因此，直播营销具有强烈的带动力量，促进了品牌在相应人群中产生良好印象与体验，进一步触发了企业的流量经济。

　　在孙希有博士写的《流量经济》一书中，针对"流量经济"提出了准确的概念："主要是指一个区域以相应的平台和条件，吸引区外的物资、资金、人才、技术、信息等资源要素向区内集聚，通过各种资源要素的重组、整合来促进和带动相关产业的发展，并将形成和扩大的经济能量、能极向周边地区乃至更远的地区辐射。在集聚辐射过程中，各资源要素通过高效、有序、规范的流动实现价值，再通过循环不断的流量规模，从而达到促进地区经济规模扩大、经济持续发展的目的。"而互联网中的流量经济可以简单地理解为：利用网络用户带来的流量通过直接或者间接的方式，推动其他产业的经济收入。

　　"流量为王"是移动互联网时代不可忽略的营销重点。流量的高低时常受到内容的质量、内容的载体、个人形象、品牌与内容的对接等各种因素的影响，并且现在大多数聚集网络流量的平台或者个人IP经常无法有效

# 第三章
## 兵临城下：直播营销时代已到来

地维护流量，在吸引流量的同时，流量还在大量流失。特别是在信息爆炸的当今时代，大批流量在各大社交平台上被某一条信息吸引，然后又一闪而逝，这已经成为正常现象，想要触发流量经济就必须在瞬间抓住这些快速流过的流量。早期，微博、微信等社交平台确实利用文字、图片、短视频等方式抓住了这些流量，但是伴随着社交媒体的发展，文字、图片、短视频由于技术问题、内容稀缺等多方面原因正在被逐步淘汰，反而由于自媒体的壮大，直播成了信息传播方式的主流之一。

在直播的过程中，网红充当了意见领袖，在服饰、美妆、旅游、生产等各个专业领域进行详细的讲解。当观众在直播平台上参与到直播互动中的时候，就等于已经开始对网红产生信任感，并且伴随着信任感的积累，这些观众会逐渐变成网红的固定粉丝，进而让网红拥有一批固定流量。但是这些固定流量只是被单纯用来"打赏"网红，时常会造成流量浪费，因此可以使用"直播+营销"的方式将这些多余的流量利用起来，并通过在直播中推广相关产品让这些流量变成强大的购买力。

图3-4　第一财经官方网站首页

2016年，中国最具影响力的财经媒体集团——第一财经（CBN）在综合参考了国家官方统计、阿里集团大数据、新浪微博、优酷土豆等第三

**直播营销：**重新定义营销新路径

方权威机构的多方数据分析之后，发布了《2016年中国电商红人大数据报告》。报告显示，2016年红人产业产值（包括红人相关的商品销售额、营销收入以及其他环节收入）预估计接近580亿元人民币。

直播营销可以说是时代进步的产物，让营销活动建立在网络消费者基础之上，让营销的定位逐渐向社交靠拢。腾讯微博、优酷土豆等本身就拥有强大流量市场的互联网平台，也开始搭建各自的直播平台，以流量带动流量的方式，加上本身积累的资本，打造直播营销的契机，再利用直播继续拉拢互联网中的流量，创造一个可以不断循环的流量市场。在流量经济的背景之下，庞大的流量市场必定会给销售带来可观的业绩。

在直播营销的背后，国内已经开始出现许多直播培训、网红孵化等与直播相关的周边服务。因此直播营销在未来必定会成为一项更专业的营销活动，宣传品牌、推广产品必定会成为未来直播利润的主要来源。伴随着直播营销的专业化，流量也会逐渐增长，流量变现的渠道也会越来越多，最终完全触发流量经济，使互联网成为未来销售的主要市场。

# 直播营销的四大玩法

从2016年初,直播以迅猛的发展势态涌入网络社交中。各大企业之所以会看好直播,除了看中直播的娱乐性质之外,还看中了直播活动中强大的潜在销售能力。无论是作为个体的网红、明星,还是有良好组织的团体、企业,都可以借助直播平台一夜爆红、打造全新的品牌IP,并以直播为基础使用全新的广告模式吸引消费者。因此,直播这种传播的新媒介在营销方面才会受到大量企业的欢迎,而且正确的直播营销方式能够让企业、品牌、消费者紧密串联,形成固定的网络流量生态循环系统。

由于网络直播的门槛非常低,导致出现了许多种直播营销的方式,而将目前已有的成功直播营销进行归纳整合,就可以发现目前的直播营销实际上主要集中在以下四大玩法之中:

### 1.品牌+直播+明星

虽然现在已经有很多网红的人气超越了明星,但是当企业想要通过直播塑造品牌形象的时候,在大多数情况下还是会优先考虑拥有固定形象的明星。明星本身就拥有庞大的粉丝圈,虽然大多数明星在直播的过程中为了维护自身形象,不能像很多网红那样随心所欲,但是正因为明星维护的自身形象与品牌的形象相符合,才能让被直播吸引过来的粉丝转化为品牌的消费者。这就是"品牌+直播+明星"这种直播营销玩法成为大多数企业重点选择的原因。"品牌+直播+明星"在企业直播营销的所有方式中,属于相对成熟、方便执行、容易成功的一种方式，目前已经有了很多成功的案例。

比如，2016年"男神奶爸"吴尊在淘宝直播上推荐惠氏奶粉，在1小时之内，达到了120万元的交易额，是平时同等销售力度带来销售量的30倍；2016年"双十一"前，佟大为出现在骆驼户外品牌直播室中，天猫直播和映客同时直播，收获了百万粉丝、千万点赞，为骆驼的"双十一"促销活动点燃了狂热的气氛；林氏木业在2016年"双十一"前夕与当红明星李易峰签约，邀请李易峰参加11月5日杭州的产品体验活动，并且在天猫直播室同步直播，直播室点赞人数高达3300万，最终林氏木业"双十一"期间获得了5.1亿元的成交额……

在以"草根"直播为主的年代，这些大牌明星产生的效应往往能迅速抓住观众的注意力，进而产生大量的流量。虽然这种方式见效极快，但是缺陷也不可避免。大部分明星在匆匆直播完毕之后，不会像大多数网红那样留下影响较为深远的话题，并且明星直播已经被大量企业利用，观众对明星的好奇心在被大量消磨之后，"品牌+直播+明星"产生的效益也会大量减少。因此，企业在利用"品牌+直播+明星"进行营销活动的时候，要学会把握时机、适当利用。不能因为收获了利润就大量、反复利用这种直播营销方式，否则会很快失效。

### 2.品牌+直播+企业日常

在直播的时代，个人吃饭、购物等日常活动都可以作为宣传个人IP的直播内容，那么企业的日常同样也可以作为直播内容进行品牌宣传。实际上，大多数消费者都对产品幕后的"企业日常"非常感兴趣。所谓的"企业日常"包括企业制定新品的过程、研发产品的过程、企业生产产品的过程等，甚至企业主管开会的状态、员工的工餐都属于"企业日常"。这些对于企业来说稀松平常，甚至还有点琐碎的小事，对于消费者来说却是掩盖在产品光环下的"机密"。因此，将"企业日常"挖掘出来，搬上直播平台也是一种可以吸引观众注意力的直播营销方式。

**3.品牌+直播+发布会**

发布会是企业在一般情况下推广新产品使用的必要手段，但是大多数企业都会选择线下发布会，而一些有前瞻性的企业已经开始尝试利用直播将新品发布会搬到线上。这些企业通过"品牌+直播+发布会"的方式进行产品的营销活动，在宣传了新品的同时也达到了与观众互动的目的。通过直播，观众可以直接看到产品的性能以及使用效果，并且直播强大的真实性，让观众在看到产品确实能满足他们需求的时候，也为企业在消费者群体中带来极大的信誉。但是企业的线上发布会虽然拥有节省成本、带来流量等好处，但是无法确定百分之百能做到毫无瑕疵。

国内"品牌+直播+发布会"的代表就是小米，雷军不仅把小米手机的发布会搬到直播平台上，还大胆地在直播平台上举办了"小米无人机"的线上发布会。但是，这场发布会却不尽如人意，"小米无人机"在发布会试飞的过程中突然坠机引起了直播现场一片混乱，观众甚至能听到直播现场有人在喊"切断直播"的声音。

图3-5 小米无人机K4版

虽然小米做了很多后续工作，让无人机终于平安上市，但是小米无人机在发布会的直播过程中坠机确实让许多"米粉"对小米产生了怀疑。因此，企业在利用"品牌+直播+发布会"的营销模式时一定要提前做好万全的准备，在保证发布会能顺利进行的同时，还要对发布会中可能出现的意外情况进行预防。

**4.品牌+直播+深互动**

虽然"百播大战"已经度过了高潮时期，但是企业对于直播营销的探索还在初级阶段。由于直播平台是作为社交工具而诞生的，所以企业在进行直播营销的时候，就会尽可能地发挥直播作为社交工具的优势。因此，目前企业主要的直播营销玩法就是"品牌+直播+深互动"。然而，"品牌+直播+深互动"实际上是最难以创新的一种直播营销玩法。因为直播本身就具有高效的互动性，所以企业想要让品牌通过直播平台与消费者进一步"深互动"则需要极大的创新思维。但是，一旦企业对"品牌+直播+深互动"有了正确的创新思路，就会获得相当可观的成果。

# 第三章
## 兵临城下：直播营销时代已到来

# 直播对品牌营销的价值

2016年被称为"直播元年"，直播营销的时代已经到来。由于直播在社交上极度亲近普通大众，因此无论是娱乐直播、游戏直播、电商直播，还是专业直播，都能在一定程度上聚集了相应领域内分散的流量。这些流量使直播平台变成了销售市场的发源地，让许多企业看到了品牌营销的契机。

尼克·约翰逊在《新营销，新模式》一书中还提到过："你的品牌就是你的故事，你要在与客户的合作过程中确定你的品牌的含义。"也就是说，品牌是企业的无形资产，树立一个良好的品牌形象，才能让顾客愿意与企业合作，愿意购买企业产品。而所谓的品牌营销，就是让品牌根植于消费者的心中，让消费者对品牌产生依赖性，长期黏着于固定的品牌之上，这些黏性消费者还会带动周围的人购买相关产品。也就是说，品牌营销是通过建立品牌与消费者之间的联系，在增加消费者忠诚度的同时，扩大销售市场的。但是，企业在树立品牌形象的时候，时常需要极为漫长的建设过程，甚至需要花费数十年才能让品牌形象植入大众的内心。然而企业千辛万苦建立的品牌形象也不是绝对屹立不倒的，企业后期的运营问题、产品的瑕疵、营销手段的不当等问题都会使品牌在消费者心目中"跌价"。因此，企业才需要一个可以创造品牌价值的手段。伴随着移动互联网诞生的直播，则为企业在营销上从以下三个方面来对品牌价值进行维护和创造：

第一，直播可以为企业培养、挖掘一批品牌的忠实用户。随着经济的发展、群众生活水平的提高，购买不再是满足生理需求而产生的行为。现在有一半以上的消费，都是购物者为了满足心理需求而产生的行为。因此，当今社会中的消费者在购物时时常带有强烈的情感，而品牌就是抓住消费者情感的最佳道具，使消费者的情感对品牌变得更加"忠诚"，是直播为品牌营销创造的重要价值之一。

第二，直播在线上提高消费者对品牌相关产品的体验。大多数企业在线上推销中，最常采用的方式是通过一整页的"文字+图片"的方式进行产品描述。虽然也有部分企业会穿插短视频，但是这种方式其实和微博、微信等社交门户的广告极为类似，甚至更加繁复，让大多数消费者难以完整、仔细地看完。但是，产品所有的使用方法、使用过程、使用细节以及注意事项都可以通过直播直观地展现在消费者的眼前，并且消费者还可以通过直播平台对产品进行提问。当直播中的产品在消费者的心中留下了良好的印象时，品牌的形象自然也会获得一定的加分。

第三，直播提高品牌曝光率。品牌曝光率是品牌营销中最重要的部分，企业在建立品牌形象的过程中几乎都是围绕着"品牌曝光"进行的。只有让品牌尽可能多地被消费者了解、熟知，才能真正达到品牌营销的目的。直播平台聚集了互联网中的流量，流量是人群、是消费者，把品牌丢入到直播平台这种"流量池"中，自然就会掀起传播的"涟漪"。但是，在品牌参与直播的过程中，企业必须要不断地做直播内容上的创新，向消费者展示最新颖、最有趣的品牌文化内涵，才能在"流量池"中不断地吸收流量。否则，即使直播为品牌带来了价值，这种价值也是短暂的，因为消费者在无法获得新颖、有趣的内容的时候，就会在心理上产生厌倦，最终会造成品牌价值的流失。

# 第三章
## 兵临城下：直播营销时代已到来

在直播营销的时代，直播作为一种工具可以为企业创造大量品牌价值。即使一些已经具备了一定品牌影响力的国际企业，也会采用直播来维护、创造品牌价值，甚至利用直播创造的品牌营销价值作为品牌竞争的武器之一。

由于国际高端运动品牌市场发展缓慢，导致品牌竞争激烈。作为国际知名的运动品牌的阿迪达斯为了打造全新的品牌概念，把使用了多年的广告语"没有什么是不可能（Impossible is nothing）"换成"阿迪达斯倾尽全力（Adidas is all in）"。也就是说，阿迪达斯要以最快的速度，让多年积累的消费者群体接受全新的品牌形象。于是，阿迪达斯邀请了许多著名歌手、模特、足球明星、篮球明星等拍摄了全新的广告宣传片，并且举办了以"阿迪达斯倾尽全力"为主题的推广活动。在此次活动中，阿迪达斯选择与优酷合作，让优酷对活动进行直播，将只有数百人参加的活动，扩散到所有观看直播的年轻群体中。

图3-6 阿迪达斯中国官方网站首页

**直播营销：**重新定义营销新路径

实际上"阿迪达斯倾尽全力"的推广活动是在2011年，也就是说这些国际企业早就看中了互联网中社交平台产生的流量。2017年，阿迪达斯的CEO卡斯珀·罗斯德就表示要放弃投放电视广告，他在记者的采访中说："很明显，年轻消费者主要通过移动设备与我们进行互动，数字化的互动方式对我们来说十分关键，大家将不会再看到任何（阿迪达斯的）电视广告了。"而目前在品牌营销中最具有效力的"数字化互动方式"，非"直播"莫属，并且伴随着直播技术的发展，企业在直播上投入的有效成本、创意都能够快速地转化为相应的品牌价值。

# 直播对产品销售的价值

2016年是"全民直播"的元年。在这一年,部分企业已经逐步舍弃传统的营销模式,开始选择直播来进行品牌推广。企业通过直播营销不仅可以创造品牌营销的价值,还可以利用直播来促进企业的产品销售量。

在企业拥有足够产品的前提下,直播主要在以下三个方面影响了企业产品的销售量:

**直播根据定位消费者的需求提高产品销售量**

消费者的需求是影响产品销售的主要因素,消费者会根据自身的购买力、消费动机以及需求数量,来决定是否购买产品或者购买多少产品。消费者的需求是影响产品销售量的绝对因素,产品的需求量大,销售量自然就会提高。但是,产品自身的特性并不会适用于每一位消费者。那么企业该如何在全球庞大的消费者群体中挖掘出产品的真正需求者?在传统的营销方式中,企业会聘请相关的销售专员来挖掘相应的需求者,每位销售员只能吸纳少量的消费者,但往往需要花费极大的成本才能开发出一小块消费者市场。直播的出现则改变了以往企业费尽心思开发消费市场的局面,直播不仅可以轻松地给产品找到相应的市场,甚至可以让消费者主动进入到产品的销售市场中。

直播的精细化能够帮助产品定位精确的消费者群体。虽然2016年是直播平台大爆发的一年,但是从"百播大战"爆发开始到目前为止,一直都没有出现综合性的直播平台。现在，直播内容非常专业精准，并且在直播未来的发展过程中，直播的垂直领域还会继续细分下去。这种细致的分化，使直播为产品寻找对应的销售市场提供了巨大的帮助。观众在根据自己的兴趣选择直播内容的时候，在细分的直播平台中拥有了更准确的定位，使互联网中的流量在各个领域中的分化、聚集更加明确，让不同的产品能够通过直播平台定位到准确的流量市场。

**直播能够维护、拓展、创造销售渠道**

目前企业的销售渠道主要有成熟渠道、成长渠道、空白渠道三种，直播在这三种渠道中都能够发挥巨大的作用。

企业已有的成熟销售渠道是企业目前产品销售量的主要来源。企业需要对这种渠道进行维护，防止消费者流失导致销售量的下降。维护成熟销售渠道的最好方式就是社交，而直播平台作为当下最时尚的社交平台，自然可以维护这种销售渠道。

企业正在发展的成长渠道是未来企业产品销售量的重要来源。这是一种充满潜在产品销售价值的渠道，大多数企业在采用传统营销模式的时候都无法顾及这种渠道。而企业通过直播就能够在成长渠道上进行有效的投入，通过拓展成长渠道使产品销量大幅度提升。

企业还未开发的空白渠道是企业未来销售量的战略根据地。空白渠道相对于成长渠道来说更难以开发。因为企业使用传统模式开发空白渠道的时候，需要先对市场进行准确的评估，断定空白渠道确实拥有销售潜在价值，才能进行营销活动。这一过程往往需要消耗大量成本，所以大多数中小型企业会选择放弃开发新的空白销售渠道。但是，企业利用直播进行营销，就完全不用担心开发空白渠道造成的成本浪费。因为，"直播+"本身就包含了许多销售渠道的营销模式，不同的"直播+"与不同的内容结合，只要内容能够满足消费者，都可以创造出巨大的流量，有了流量就等于为产品销售量的提升奠定了基础。

**直播可以提高产品的信誉度**

产品质量是产品信誉形成的前提，而测评产品质量的是消费者。消费者在选择产品的时候，一般情况下都会选择信誉度高的，有时候产品的信誉度甚至会凌驾于品牌的影响力之上。消费者可以通过直播直接看到产品的来源，对于产品的信任度自然就会提升。

比如，现在很多电商平台利用直播来进行海外代购。由于消费者在电商平台上"代购"商品的时候无法直接看到商品的购买地，导致了电商海外代购中"山寨"事件不断，使"代购"这块巨大的市场不断缩水。于是部分正规代购电商开始通过直播平台进行代购现场"直播"，让消费者直接看到商品的来源地。其中，最早使用直播代购的就是海外直播代购平台"波罗蜜（bolome）"。

图3-7　波罗蜜APP官方下载页面

波罗蜜是一个主打"只卖当地店头价+视频互动直播"的跨境电商直播平台，目前主要以韩国、日本代购为主。波罗蜜的创始人兼CEO张振

**直播营销：**重新定义营销新路径

栋曾表示："波罗蜜将会扩大直播的深度，加强与品牌商的联动。"波罗蜜通过直播，为国内消费者展示了许多国外不知名的小众品牌，这些小众品牌由于广告成本少等原因，价格往往非常便宜，能被大部分普通大众接受。通过直播，波罗蜜能够直接了解到消费者对于产品的需求量，也就避免了"供大于求"的尴尬场面。

销售产品是企业开展营销活动的主要目的，是企业获得利润的来源。企业通过直播营销的方式，提高了产品的销售数量，增加了企业的利润。

# 避开直播营销的三大"坑"

直播营销的本质实际上就是"流量变现",而具体的流量变现方式则取决于企业直播营销的效果。由于现在直播的门槛非常低,各种各样的事物纷纷在直播中亮相,因此并不是所有的直播营销都可以带来相应的回报,许多企业一不小心就会落入直播营销的"坑"中。

第一"坑":直播的平台、主播和内容选择不当

直播平台的性质与主播属性、消费者市场完全挂钩。斗鱼、虎牙等游戏类直播平台的主打一定是游戏,不大可能有主播向你讲述财经方面的专业内容。同样的,疯牛直播平台上的主播大多数都是财经大咖,这些财经界的"牛人"不大可能为观众直播玩游戏。

图3-8 疯牛直播官方微博首页

由于直播平台本身就具备一定的"品牌效应",在经过垂直细分之后,各个主播的直播内容也有明显分化。而企业在选择直播平台的时候,一定

要符合企业相关的品牌形象，不仅直播平台要符合，主播也要和品牌相对应。主播和直播内容与企业品牌形象不对应，即使选择了正确的直播平台，也只会引起观众的反感。

2016年，魅族在新手机的直播发布会邀请了韩国明星李荣浩，在B站（bilibili）上进行直播。看似是魅族为了迎合广大"御宅族"的品位而举办的新品发布会，结果却迎来了一堆观众的"吐槽"。这种降低了品牌格调的营销方式与魅族的品牌定位完全不符，甚至有浓厚的炒作嫌疑。

### 第二"坑"：直播目的主次不明确

目前企业利用直播主要有两个目的。第一，利用直播达到"传播"的目的，宣传企业、宣传品牌、宣传产品，使企业的品牌和相关产品被更多人熟知；第二，利用直播达到"销售"的目的，也就是说把企业的产品卖出去。企业在利用直播营销的时候，很容易将这两个目的的主次顺序颠倒，最终导致直播营销失败。

很多企业都希望利用直播同时达到"传播"和"销售"的目的，但是这两个目的必须要分清主要和次要。如果要以"传播"为主，就要尽可能地"造势"，制造一个内容丰富的直播活动。比如美宝莲邀请50名网红进行秀场后台直播，就是一次典型的以宣传为主的直播，在宣传的过程中顺便加上卖产品的环节，但是最主要的还是要观众记住"美宝莲纽约"是一个很"纽约"、很"时尚"的化妆品牌。如果以"销售"为主，就可以省去繁复的"造势"步骤，直接进行销售活动。以销售为主的典型代表就是各大电商的直播平台，每天都有许多当红主播在平台上推出相应的产品，主播的粉丝群就会根据自己的需求来购买。这些主播不需要为观众展现复杂的内容，只要简单地展示产品的使用方法、产品的使用效果等。观众甚至不会在意主播用的产品是不是品牌，即使不是品牌也可以达到"销售"

的目的。

以不同的目的为核心展开的直播营销活动最终效果也会不同，然而想要同时将两个目的实现且效果都达到最大化是绝对不可能的。因此，企业在进行直播营销活动的时候，一定要明确直播的目的。

### 第三"坑"：产品与直播受众不对口

企业的产品与直播受众不对口是目前直播营销中最大的"坑"。并不是所有的品牌在目前的状况下都可以利用直播营销。直播的受众主要为年轻群体，并且这部分年轻群体的消费水平有限，在利用直播进行营销的时候，企业必须考虑品牌是否会符合年轻人的"胃口"。

Angelababy在美宝莲秀场的后台直播涂唇露，结果让美宝莲的同款唇露大批量销售出去。仔细想想，为什么美宝莲选择让Angelababy进行涂唇露的直播，而不是其他化妆品？原因在于，Angelababy直播使用的美宝莲唇露单价不过百元，百元以内的价位的商品大多数消费者都可以轻松购买。由于美宝莲纽约和巴黎欧莱雅都属于欧莱雅集团，因此巴黎欧莱雅直播营销模式的成功之处几乎和美宝莲相同。在戛纳电影节上，李宇春同款的轻唇膏也是不过百元的产品，在大多数直播受众都能够接受的范围之内，因此这款轻唇膏才会在短暂的直播之后快速脱销。

正因为欧莱雅集团正确地定位了直播受众，并且针对这些受众推出了他们可以轻松接受的产品，所以相应的产品才能销售出去。如果一些高端产品想要通过直播营销来获取市场、销售产品，则要艰难得多。至少宝马MINI在直播拍片现场的时候，并没有急着将新车卖出去，而是选择了以"传播"为主要目的的直播营销方式。

虽然直播营销的时代已经到来，但是直播还在发展中，还没有全面到可以让每个企业都能够顺利获得销售量。因此，每个企业都要根据自身的定位和实际情况合理利用直播营销，避免直播营销中的三大"坑"。

直播营销：重新定义营销新路径

# 直播营销的困局：技术

当下，中国直播用户已经超过3亿，直播平台超过200家，并且拥有了极其细致的内容分类。但是，伴随着直播的发展，直播上的技术缺陷逐渐暴露出来。这些缺陷不仅会影响直播营销的最终成果，而且会影响互联网的安全。

## 1.网络带宽的限制

直播画面的清晰度和流畅度与带宽有着密不可分的关系。然而现在大多数直播平台，时常会在直播的过程中出现流畅度的问题，也就是"卡顿"的现象。卡顿对于观众来说是非常不好的体验，甚至一些观众在视频卡顿的时候会选择退出直播间，进而造成直播平台流量的损失。因此，有些直播平台会选择"牺牲"画面的清晰度来"拯救"流畅度，把带宽集中在流畅度上，无视画面模糊的问题。但是，模糊不清的画质也会给观众带来糟糕的体验，在电视都在追求"超高清画质"的当下，画质模糊也会使流量大批流失。

以目前的技术水平，还没有更好地保全直播清晰度和流畅度的方法，唯一有效可行的就是拓宽带宽。但是拓宽带宽需要耗费大量的成本，并且伴随着观看直播人数的增多，带宽还要无限拓宽下去，这样会让直播平台渐渐入不敷出。大多数直播平台都会选择在现有的带宽之下，以削弱清晰度或者流畅度的方式，进行直播活动。

## 2.直播监管技术缺陷

直播作为一种新型社交方式在互联网中迅速发展,但是部分直播平台为了更加快速地获取利益,开始利用打擦边球的方式来吸引互联网中的观众注意力。一部分主播为了吸纳粉丝,甚至自我"牺牲"播出一些毫无下限的、让人"三观尽毁"的内容。由于互联网本身在监管上就存在缺陷,因此在互联网基础上建立的直播平台也存在着同样的缺陷,这些直播中的黑暗面还是会源源不断地涌出。

我国国家互联网信息办公室在2016年11月4日发布了《互联网直播服务管理规定》,明确禁止互联网直播服务提供者和使用者利用互联网直播服务从事危害国家安全、破坏社会稳定、扰乱社会秩序、侵犯他人合法权益、传播淫秽色情等活动。2016年12月初,广东一家LOL(英雄联盟)直播平台就因为"尺度过大"被封。

虽然国家的相关规定在一定程度上抑制了直播的"黑暗",但是这种抑制却达不到彻底清除的效果。很多直播平台还是会在利益的驱使下靠打不法内容的擦边球来获取利益。特别是一些新兴的直播平台,为了在"百播大战"中快速吸取流量来稳固自己的地位,时常会忍不住使用这种打擦边球的方式,在极短的时间内获取巨大的流量市场。

直播的"黑暗"无法根除的主要原因,就在于直播监管上的缺陷。以现在的技术水平,如果想要监管直播,只有在直播全网播出之前进行人工审核。然而,如果要针对互联网中的每个直播都提前进行人工审核,则需要花费大量的成本才能实施,这些成本远远超过了直播平台能带来的利益。但是,在智能审核的技术上,由于直播的随机性,直到现在还没有出现任何系统可以有效地对直播内容进行过滤。

### 3.受众渠道狭隘

目前,直播平台完全依托于互联网,直播的受众绝大多数也是当下的年轻群体。也就是说,直播这种全新的社交方式,对社会上一些不擅长使用智能终端的中老年群体"不友好"。这种"不友好"同时也限制了直播的受众,使直播大多限制在年轻人的群体中。

目前,社会上不擅长使用智能终端的中老年人获取信息的主要来源还是电视直播。电视目前依旧是人民群众依赖性最高的媒体工具,只要互联网直播能够与电视相结合,直播的受众渠道自然就打开了。但是直播明显还没有与电视相通的技术,直播只能利用网络信号进行观看,还无法做到与电视节目结合,因此直播丧失了一大批潜在受众。

除了以上三个方面的技术困局之外,直播还存在许多潜在的技术问题,如直播设备问题、画面滤镜问题、声音过滤问题等。这些问题在细节方面也影响着直播的质量,造成直播流量的流失。但是,伴随着科技的发展,无论是以上三个方面的主要困局还是这些细节问题,一定都会被逐一解决。

# 第四章 04 战略布局：直播营销的打开方式

随着移动互联网的迅猛发展，直播营销将成为互联网流量市场的共识，因为低门槛、强社交等性质，让直播成为孕育流量的最佳行业。在这个"流量为王"的时代，获得流量才有变现的机会。实际上，直播这个"天然流量池"已经吸引了大批企业关注的目光。但是，这些企业虽然看到了直播的流量，却不知道如何利用"直播+"进行引流。本章将展示多种"直播+"的初步战略布局，以正确的打开方式引领直播营销的初步探索。

**直播营销：** 重新定义营销新路径

# 直播+电商：传统电商的另一个机会

直播从2015年开始在互联网中孕育流量市场，在2016年成为企业营销争相抢夺的入口，大量传统电商的资本开始通过各类直播平台入口涌入直播营销的领域。直播为传统电商提供了一个全新的商品"社交"营销模式——主播将有相同喜好的观众聚集在直播间中，观众在电商直播平台上观看主播播出的内容时，就可以通过点击直播间上显示的链接直接购买产品。同时，这些观众还能够在直播间中发表自己对商品的意见和看法，或者根据自己的需求让主播推荐适合自己的商品。这种"直播+电商"的模式，不仅提升了互联网中消费者的黏性，而且提高了电商的商品销售转化率，为传统电商创造了一次更大的盈利机会，让电商平台吸纳互联网中的流量，并将这些流量最大限度地变现。

目前，"直播+电商"主要有三种模式：第一种是电商平台直接镶嵌直播功能；第二种是直播平台通过商品链接与电商平台发生关系；第三种是以直播为主打的内容电商平台。这三种模式都拥有各自的特色，在各自的领域发挥着不同的作用。传统电商在利用直播营销的时候，应该结合自身的产品营销需求选择适合的模式。

电商平台镶嵌直播功能其实已经被许多电商界顶级企业应用。比如，淘宝APP镶嵌了淘宝直播平台、天猫APP内部安装了天猫直播室、聚美优

## 第四章
### 战略布局：直播营销的打开方式

品衍生出聚美直播APP……这些都是电商在自己的平台中镶嵌相应的直播功能，相当于把直播变成电商的"附属品"。在电商平台镶嵌直播功能的模式之下，一开始主要是利用电商平台的流量带动直播流量，等直播平台拥有充足的固定流量之后，再利用直播流量反哺电商。采用这种模式的电商，多数都偏向于利用网红、明星等推广一些性价比高、价格能够被大多数消费者接受的"大众消费品"，在短时间内达到促销的目的。如果直播营销的效果足够好，甚至可以让一些"平价"商品脱销。

因此，在这种电商平台镶嵌直播功能的"直播+电商"模式中，电商运营者牢牢地将主动权握在手中，直播在这种模式里只是起到推动的作用。电商自主决定选择哪些主播、推销哪些商品以及播出什么样的内容。而直播在这种模式中就等于一种全新的广告载体，让电商能够通过这种广告载体，打出能够吸纳足够流量的广告，还能快速将产品销售出去。也就是说，在这种模式之下的电商平台本质其实并没有发生改变，所有的观众都能看出来直播的目的就是为了销售，而改变的只是广告的方式。直播这种广告方式，可以被大多数喜欢网购的年轻人所接受，并且能让这些年轻人在观看直播的时候潜意识地接受商品，并产生购买的想法。所以，这种会在短时间达到"促销"效果的"直播+电商"模式，是目前大多数电商平台最喜欢用的模式。

第二种直播平台通过商品链接与电商平台发生关系的案例在目前非常少。以现在"直播+电商"的发展进程来看，能长期、固定地放上某商品链接的直播平台几乎没有，大多数直播平台会偶尔放上一些必要的链接。比如一些专业的游戏直播平台，可能会在直播室中挂上游戏币、游戏点卡的购买链接，但是在相应的直播结束后，链接也会马上被拿下，并不会长期摆放。直播平台不愿意长期摆放电商链接也是有原因的。虽然"直播+

**直播营销：** 重新定义营销新路径

电商"的模式可以带来更多的利益，但是现在大部分专业直播平台的利益来源还是以吸引粉丝为主播"打赏"为主。也就是说，如果直播平台挂上电商链接，刻意进行商品销售，可能会影响粉丝对直播的体验，造成平台的流量损失。虽然在这种模式之下，营销的主动权掌握在直播平台的手中，但是对现在已经聚集了大量直播观众流量的大型直播平台来说，选择这种模式可能会造成得不偿失的后果。因此，即使直播平台知道"直播+电商"可以带来更大的利益，但是由于风险太大，大多数直播平台还是不愿意去尝试这种模式。

第三种模式，以直播为主打的电商平台，目前数量也非常少。但是，这种模式才是真正的"直播+电商"的营销模式。目前，以直播为主打的内容电商代表，主要有波罗蜜、小红唇等。

波罗蜜是2015年初成立的以日、韩代购为主的跨境电商平台。用户通过波罗蜜的官方APP可以直接看到代购人员购物的全部过程，看到日、韩两国各大商铺中的商品，还能通过直播间与远在国外的代购人员进行互动。波罗蜜让观众直接看到国外产品在当地的价格，并且波罗蜜中的商家会以商品来源地店铺的零售价为基础，为波罗蜜中的商品打上价格标签。也就是说，消费者通过波罗蜜购买的商品与商品来源地的零售价一模一样，而且还能保证绝对正品。

小红唇是2015年4月正式上线的，针对国内年轻女孩的美妆直播电商平台。网红在小红唇上进行直播，分享护肤、化妆的知识，为观众提供可选择的相关产品。年轻的女孩可以在小红唇上看到自己想要的美妆内容，并且可以在站内进行直接购买。这种方式使流量的变现渠道变得更加广泛，强化了直播营销可执行的内容。

# 第四章
## 战略布局：直播营销的打开方式

图4-1 小红唇官方首页

这种"直播+电商"的模式，让直播带有明显的营销色彩。观众在观看直播内容的时候，就已经有了会看到广告的心理准备，因此在内容方面只要符合相应的产品推广价值，就不会让观众产生太大的排斥心理。并且，这种模式还打造了一个直播与电商互利共生的平台，使直播与电商处于相同的位置。因此，传统电商平台镶嵌直播功能与基于直播的电商平台完全不可比，第三种"直播+电商"的模式才是未来电商利用直播的主要途径，也是未来电商的发展趋势之一。

**直播营销：** 重新定义营销新路径

# 直播+发布会：曝光第一，成交第二

在互联网为营销市场带来的冲击之中，以线下市场为主的企业优势已经被大量削弱。因为互联网作为工具，不仅改变了产品的生产方式、企业的生产能力、企业的管理模式，而且改变了企业与消费者的关系。企业与消费者良好的关系，是当下大多数消费者选择产品的重要原因。只要企业能够与消费者建立紧密的联系，就能够在同类产品的竞争中脱颖而出。"直播+发布会"就是一种有效拉近企业与消费者关系的营销手段。

发布会是企业宣传新产品的一种有效手段，是长期积累沉淀下来的一种重要营销模式，并且这种营销模式在企业以后的发展过程中也不会被轻易淘汰。在过去，发布会的主要目的是为了曝光新产品。因此，企业举办发布会之前，首先会选择适当的地点作为发布会现场；其次会花费大量成本来布置发布会现场，尽量让现场显得高端、上档次；最后会邀请一些知名媒体、撰稿人参加发布会。由此可看出，过去企业举办发布会的目的是为了吸引媒体，从而依靠媒体的力量进行新品曝光。然而，在自媒体盛行的当下，曾经的核心媒体都受到了自媒体的压迫，导致了传统的发布会模式已经无法达到曾经的效果。如果现在的发布会不能完美地与自媒体相结合，同时涵盖以往的专业媒体，就无法达到真正的"曝光"目的。

企业想要让产品的曝光率在发布会中达到最高，就必须在互联网中聚集大众的关注度，也就是说要尽可能多地吸纳流量。销售市场"流量为

## 第四章
### 战略布局：直播营销的打开方式

王"的时代还未结束，流量还将继续推动经济的发展。因此，只有企业足够亲近消费者，才能聚拢消费者带来的流量。无论是以线上销售市场为主的企业，还是以线下销售市场为主的企业，为了自身的发展，都必须在互联网中传播品牌、聚集流量。在当下自媒体盛行的网络之中，企业与消费者亲近的最佳方式就是利用移动互联网自媒体进行"社交"，而目前让观众体验最好的自媒体和社交方式就是直播。直播可以成为企业与消费者拉近关系的强力工具，并且可以与企业最强营销模式——发布会相结合，产生最高效的线上商务活动带动，进而带动全球网民对于企业相关新产品的认知。

但是，在企业利用"直播+发布会"的营销模式时，一定要注意：第一目的是"曝光"，第二目的才是"成交"。因为直播与电商的结合，让许多企业也看到了直播的销售契机，进而想要通过直播来销售产品。但是发布会从诞生以来，最主要的目的就是为了"曝光"。企业在进行发布会直播的时候也不能为销售产品而忘记介绍相关的新品，不能让发布会变成销售会，这样就完全脱离了发布会的本质。因此，在"直播+发布会"之中，为了企业以后长久的发展，哪怕不去"销售"、不产生任何利润，也要以"曝光"为首要目的。目前，小米、苹果、乐视等企业都已经采用了"直播+发布会"的模式，并且都在一定程度上达到了新品曝光的目的。这些企业在曝光新品的过程中，确实也卖出了许多相应的产品。但是，也有企业在举行"直播+发布会"的时候，让新品曝光成为全部内容进而获得成功，比如宝马MINI。

2017年1月，宝马MINI举办新车线上直播发布会，中国区副总裁（Sean Green）亲自在发布会中出镜。与宝马曾经声势浩大的发布会不同，此次发布会只邀请了几家媒体参与。在直播的过程中，主播与宝马MINI中国区副总裁的问答完全围绕着宝马新品,只为了宣传新品,并没有在线上卖出一辆车。

图4-2 宝马MINI新车直播发布会现场

因此,企业要根据主打产品的性质来确定"直播+发布会"开展的方式。但是无论以何种方式开展,"曝光第一,成交第二"的主要规则不能改变。企业直播发布会的最终目的还是吸引互联网中的流量,打响品牌声誉,只要将网络中的流量引来发布会的直播间,并且将品牌形象深入到这些带来流量的受众之中,那么发布会的真正目的就已经达到了。

其实,如果观众看惯了主播花样百出、搞笑不断的直播,宝马MINI的直播显得枯燥得多,但是宝马MINI在一直播的直播间中确实获得了大量的流量。宝马MINI能够获得成功的主要原因有两点:第一,宝马在举办发布会之前做了许多"预热活动",比如在一直播的首页放上直播的广告、提前散播出发放"巨额红包"的消息等;第二,为了确保直播顺利进行,宝马MINI甚至提前对直播进行了彩排工作,主播的每句话都是事先设定好的。

## 第四章
### 战略布局：直播营销的打开方式

很多类似汽车的高端产品，很难达到线上销售的目的。因此，以这类产品为主的企业在进行"直播+发布会"的时候，可以把全部精力集中到"曝光"的目的上。并且企业可以在"直播+发布会"的活动中，穿插许多当前时尚的玩法，比如利用红包来吸引观众的眼球。虽然宝马MINI线上直播发布会的内容枯燥，但是宝马MINI利用"红包"等时尚的玩法最终还是留住了流量，最终达到了品牌"曝光"的目的。虽然在这种品牌"曝光"的过程中，宝马MINI没有在线上卖车，但是，即使缺少了"直播+发布会"上的销售量也不会影响这类产品在流量市场中获得的利润，甚至利用直播还间接增长了企业未来相关产品的销售量。因为直播的受众主要是当下的年轻人，当宝马MINI之类的高端品牌在利用直播进行宣传的时候，就等于把品牌的理念植入了这些年轻人的心中。现在的年轻人就是未来高端产品的消费者，也就是说宝马MINI通过直播，打开了未来消费者的市场。

对于企业的市场来说，重点聚焦的地方应该是营销，而不是企业销售产品的数量。利用"直播+发布会"进行营销，让产品大量"曝光"进而带动企业的流量市场，促进企业流量经济的发展，才是当下营销的核心战略模式之一。

## 直播+社交：互动吸引流量，直播反哺流量

在移动互联网的时代，直播同时具备着"社交"和"媒体"这两大重要属性。追随直播平台火爆的根本原因，就会发现"社交"才是真正的导火索。因此，直播平台与社交平台结合的"直播+社交"模式，将会成为一种全新的"深社交"模式，并且这种"深社交"将会为企业的营销带来第二波更大的流量浪潮。

虽然直播拥有"媒体"的性质，但是与传统媒体结合带来的效益，远远不如与传统社交平台结合带来的效益。对于传统媒体来说，直播作为媒介传播的内容太过宽泛，以至于一些生活上细枝末节的小事都可以作为内容播出，缺乏相应的监管制度。所以大多数专业媒体都认为，直播实际上只能作为一种小众的自媒体方式，并不适合发展成为正统的媒体平台。然而，把直播作为社交工具则会带来完全不同的效果。因为直播的内容随意，并且在直播的过程中各个方面的互动性都非常强，如果将直播与社交进一步结合，打造一种基于直播基础上的"深社交"模式，肯定会吸引更多的流量进入直播平台。

所谓的"社交"，就是社会上的人际交往。人类把社交作为工具，进行互动交流、传递信息，进而达到各自的目的。因此，"直播+社交"利用不同的方式，能够全方位顾及直播平台与社交平台中所有用户的社交体验，最终达到"深社交"的目的。而"深社交"则是指利用直播自带的社

# 第四章
## 战略布局：直播营销的打开方式

交属性让用户进行互动，以互动来吸引流量。这些流量在积累到一定的程度之后，就会形成"流量池"，互联网中其他流量在"流量池"中流量的带领之下，也会被直播吸纳。也就是说，直播带来的互动效果吸引了流量，同时直播也在反哺着流量，让流量积累逐渐增多。

目前实现"直播+社交"的最佳方式，就是将直播与微博、微信等传统社交平台相结合。微博、微信等都是曾经火爆一时的社交平台，时至今日依旧会产生很大的社交影响力。而直播作为新型的社交方式，如果能与微博、微信等传统社交平台相结合，必定会为直播平台带来更多的流量，并且直播还会将流量反哺给传统社交平台。

一直播作为微博内嵌的唯一直播平台，从上线开始就在国内的直播领域占据了一席之地。并且，一直播与微博一直维持着一种双赢的关系：一直播借助微博得到了可靠的流量入口，因此才能在上线之初就能在"百播大战"中站到上游位置；微博在推出一直播之后，不仅引入了更多的流量，股价也在一路飙升，持续了8个月之久，甚至微博在短视频信息第一次爆发之后，借助一直播实现了第二次爆发。

图4-3　一直播官方首页

一直播与微博的合作，是"直播+社交"模式中最大的成功。由于有微博这个"天然流量池"的撑腰，一直播获取微博上的流量自然易如反掌。再加上一直播的内容可与微博的内容进行无缝对接，同时加强了一直

**直播营销：** 重新定义营销新路径

播和微博的互动性，通过这种强互动模式又能够吸引一批新流量。因此，一直播和微博才能在这种双赢的合作关系中形成良性的"流量再生循环系统"。实际上，这种合作方式，在微博推出秒拍的时候就已经使用过，为微博带来了一次短视频大爆发，也正因有秒拍的成功，微博才会将下一个社交点瞄向直播。直播通过微博的分享自然会获得良好的传播效果，同时直播这种新型社交体验带来的流量也反哺了微博，进而实现了微博与一直播双赢的局面。

除了微博以外，bilibili、优酷、腾讯等传统社交平台也都推出了相应的直播平台。这些社交平台正是看中了直播在社交方面能与各自平台上的内容相契合，并且直播拥有巨大的传播力，创造了全新的"直播+社交"的营销价值。这些价值一方面主要体现在直播与社交平台的结合，让直播平台上的用户积极参与了线上活动，并且通过直播将流量反哺给社交平台，最终在线上引发巨大的流量效应；另一方面则体现在新兴直播平台的发展过程之中，传统社交平台为直播提供了一个庞大的流量入口，加上后期两者共同发展维持稳定的社交圈，最终才形成了固定的"流量池"。

对于企业来说，直播虽然是一种拥有强大潜在市场的全新社交媒介，但是直播想要吸引流量还必须与企业自身相吻合。也就是说，直播营销在社交活动上花费的成本并不会少，直播同样需要创意、宣传、策划，并且也需要一定的资本投入才能有所收获。而企业在利用直播营销的时候，如果能使用"直播+社交"这种模式，那么在前期的准备工作上就能够节省一笔支出，至少在宣传上传统社交平台就已经具有一定的宣传力度。同时，为了将直播内容与传统社交平台相结合，就可以直接在传统社交平台的内容上进行创新，进而达到企业的营销目的。因此，在移动互联网的流量市场中，直播与社交平台的结合是创造"循环流量"的重要模式之一。企业只有让市场中的流量不断地循环再利用，才能让企业可持续发展下去，并将在互联网中获得的利润最大化。

# 直播+个人IP：网红经济+粉丝经济

在"全民直播"的浪潮之下，直播从一种小众行业发展成为大众热门的领域，这是互联网社交发展带来的必然结果。但是，目前直播平台中除了一些早期树立的网红个人ID，大多数直播都成为一种"现象"。所谓"现象"直播，就是指直播活动在短时间内带来大量的流量，但是这些流量只不过在直播平台中"一闪而过"，并不能长期稳定地停留在平台内部。这种现象逼迫直播平台要不停地从外界吸收流量，而产生这种现象的原因就是个人IP的塑造问题。只有成功塑造出个人IP，才能让直播平台产出有质量的内容，并且维护平台中的流量。

个人IP包含了网红、KOL（Key Opinion Leader，关键意见领袖）、明星等聚集了大量稳固社交资产、表现力出色的个人。这些个人IP在社交圈内拥有强烈的辨别度，并且拥有强大IP的个体还能提高流量的变现比，进而提高直播营销的价值。这类拥有IP的群体，在直播中时常被统一划分在网红的范畴之中。因此，"直播+个人IP"就是网红经济与粉丝经济的结合体。将网红经济与粉丝经济的优势结合，取长补短，最终就可以形成一个长效的流量市场。

"网红"指的就是"网络红人"。早期的网络红人有"芙蓉姐姐""凤姐"等，但是随着移动互联网的发展，人手一台智能手机随时都可以进行直播，网红才开始呈现爆发式增长。很多想借助互联网直播"一夜成名"的人都踏上成为网红的道路，任何人都可以凭借才艺、颜值、笑点等自身特点成为网红。但是网红的泛滥式增长，也让网红成了一种"现象"。而现在直播平台中的主播，大多数都是这种泛滥增长的网红，因此许多直播平台的发展重心就是"网红经济"，这也是许多直播成为"现象"一闪而过的主要原因。只有极少数的网红才能在互联网中扎根生存，这些"非现象"的网红身后往往具有庞大、固定的粉丝圈，支撑着他们在直播中的发展。

根据现在直播平台的发展状况，"网红经济"引流方式还集中在身为网红的主播身上。也就是说，主播是直播活动的中心，一场直播中一半以上的内容都在围绕着主播。当主播在直播间进行内容播出的时候，观看直播的粉丝就可以通过留言、点赞、"打赏"等方式与主播进行互动。因此，一名真正的网红主播可以凭借庞大的粉丝圈，为直播带来极为可观的流量。

2016年8月，中国首富王健林在熊猫TV的首次直播秀，就吸引了30多万的流量。只有提高了直播受众的互动积极性，才能保住直播平台中的流量。实际上，王健林的直播在互联网上遭到大量网友吐槽，在整个过程中并没有什么实质性的内容。但是，由于王健林特殊的身份地位，带来了巨大的流量收益。

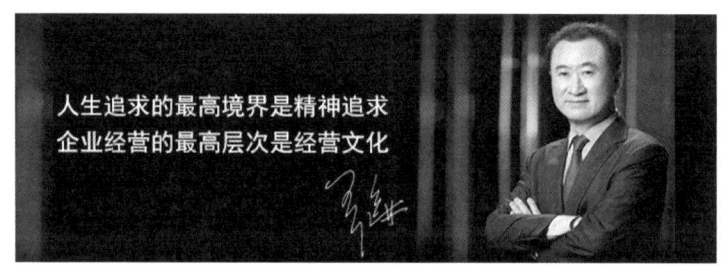

图4-4　万达首页王健林照片

# 第四章
## 战略布局：直播营销的打开方式

王健林作为一名长效稳固的"网络红人"，本身就带有固定的互联网"粉丝圈"。因此，他庞大的粉丝圈促使了直播能够吸引庞大的流量，甚至王健林的"粉丝"带来的流量强大到掩盖了内容上的不足。但是，现在大多数网红都不像王健林那样拥有绝对的影响力，也就无法形成长效固定的粉丝圈。这些网红依旧还停留在"现象"阶段，一旦网红的"现象"过去，那么主播就会失去聚集流量的能力，同时由网红一时聚集的大量流量也会马上消散。因此，尽管网红经济依托网红产生流量的速度非常快，然而带来的流量效益却非常短暂。这种转瞬即逝的流量在直播平台中实际产生的最终利润并不大，甚至直播平台还要花费更多的资本去邀请或者培养其他的网红。但是，网红经济却是粉丝经济的基础，只有优先发展网红才能拥有粉丝。

所谓的粉丝经济，就是利用网红带来的粉丝群体发展长期固定黏性客户市场，并且让这些黏性客户愿意为网红产生消费行为。在发展粉丝经济之前，必须要通过网红聚集流量，形成固定的粉丝圈。这种粉丝圈不仅可以维护网红的时效性，为直播平台提供长期的流量储存。并且，一位拥有庞大粉丝群体的主播，就等于拥有了庞大的"社交后援团"，越是喜爱主播的粉丝，与主播互动的积极性越高。这种高互动性时常会在心理上促使粉丝为网红产生消费行为，比如"打赏"网红、购买网红推荐的商品等。因此，无论是直播平台还是公司企业，在进行直播的时候，利用"网红经济+粉丝经济"就能够创造一定的网络流量市场。

粉丝强大的消费能力为网红经济和粉丝经济提供了变现的条件。通过"直播+个人IP"尽可能打造让粉丝满足的营销模式，并通过相应的直播平台让粉丝的消费变现。粉丝的传播力比普通观众更强，从微博、微信等社交平台的发展来看，无一例外都是利用粉丝进行消息的推广。因此，"直播+个人IP"也必定要利用粉丝创造出更多的营销价值。比如，现在很多项目都是建立在粉丝"众筹"的成果之上,让粉丝从消费者转变成投资者;或者在线上发动粉丝,让粉丝成为企业、品牌、产品的线下宣传动力。

在"直播+个人IP"中网红经济与粉丝经济相结合的背后,可以看出粉丝才是流量的来源。但是粉丝喜爱的内容一直在改变,再长效的网红也有过气的时候。只有产出高效的个人IP,交替更换,避免粉丝的"审美疲劳",才能真正延长流量保存的周期。

# 第四章
## 战略布局：直播营销的打开方式

# 直播+内容：创意无限，越新奇越传播

在"百播大战"的背景之下，直播市场已经变成了一片"红海"。由于直播用户群体中做学术研究相关的较少，因此各大直播平台为了抢占市场，在直播内容上呈现了娱乐化、多元化的态势。但是这种娱乐化、多元化的态势逐渐无法满足直播受众，因此直播在朝向垂直领域的细分过程中，还要注重"直播+内容"的创意。

在各大直播平台中，一部分以秀场直播、游戏直播为主的"老牌"直播平台开始尝试创新内容；另一部分新型的直播平台也在寻找新出路，比如以"直播+电商"为主的天猫直播间。因此，直播正在由以"社交"为基础进行传播，转变为以"内容"为基础进行传播。在此过程中，"社交"依旧是直播的核心，但是以"内容"作为维护直播社交的重要工具，被大多数专业直播平台上升到仅次于"社交"的地位，成为直播能够进行社交的基本立足点。虽然各大直播平台都意识到了直播内容的重要性，但是直播的内容反而显得更加缺乏，更加缺少有明显差异的优质内容。现在的直播平台上的内容，大多数还是以网红的个人展示为主，只能依靠网红的颜值、才艺等吸引观众，让网红成为直播平台竞争最激烈的领域。直播平台为抢占流量市场相继推出"男神"主播、"女神"主播，这种直播中的个人展示迟早都会让观众审美疲劳，最终转向其他的社交平台。因此，企业在制定"直播+内容"营销策略的时候，不能仅把眼光放在网红身上，还要注意内容营销PGC、UGC、BGC这三大要素。

### 1.PGC：专业产生内容

PGC（Professionally-generated Content）指的就是"专业产生"内容。而所谓的"专业"，则指向明星、网红、科技达人等在某项专业领域有所发展并且有强大号召力的人。这类人在直播的平台上，可以统一用网红进行概括。

不同领域的专业网红可以为不同性质的直播营销带来一定的效益。比如巴黎欧莱雅在戛纳电影节利用明星直播、天猫直播间每天都有上百名网红直播推广产品、雷军作为小米"专家"通过直播为"米粉"排忧解惑等。这些都是利用了PGC的战略方式来进行"直播+内容"的演绎，并且都在一定程度上取得了理想的成绩。因此，PGC实质上就是以网红为核心的直播内容战略模式，也是目前大多数企业以及直播平台都会使用的直播营销方法。

### 2.UGC：用户产生内容

UGC（User-generated Content）指的就是"用户产生内容"。早期直播平台的内容核心就是UGC，并且承载了直播的社交属性。

实际上，直播并不算最新鲜的事物。早在1996年，国外一位名叫詹妮弗·林利（Jennifer Ringley）的19岁女孩在学校宿舍开始直播，并且坚持了7年之久。不过，当时的直播与现在的不同。由于当时设备的限制，詹妮弗只能依靠原始设备进行直播，而且她直播的内容与现在的差异很大。现在的"美女"主播大多数都会在镜头前展示自己"高颜值"的一面，而詹妮弗当时只是直播自己的日常生活，包括吃饭、看书、躺在床上休息等，甚至在大多数时间里只有空空如也的房间，毕竟19岁的詹妮弗还是一名大学生，需要去学校学习以及和男友约会等。但是，这种"不做作"

的直播让詹妮弗在当时的情况下名声大噪，进一步成为直播界的"祖师爷"。这位"祖师爷"为后来的直播平台带来的最大经验就是与粉丝互动，詹妮弗在她的直播网站上还建立了聊天室，粉丝可以通过聊天室和她交谈互动。

因此，早期直播中的UGC主要是"粉丝评论"，后来为了提高用户体验，社交平台还添加了弹幕、点赞等功能。实际上，UGC应该与PGC和BGC相结合，让直播的内容更丰富有趣，使平台上的粉丝更容易被直播的内容感染。所以UGC可以说是直播营销中不可缺少的基层，这个基层就是用来让"粉丝"沉迷于直播内容的重要武器，并且让"粉丝"产生自主的社交行为。

### 3.BGC：品牌产生内容

BGC（Brand-generated Content）即"品牌产生内容"，这种"直播+内容"的模式也是目前企业容易忽略、使用最少的营销战略。虽然现在很多企业利用PGC、UGC获得了一定的成功，但是现在的企业直播很少能产出与品牌对接的创意内容。

BGC必定会成为未来企业的重要直播营销战略，利用"品牌+创意"的直播方式才是BGC直播内容的正道。企业直播营销的内容应该与企业的文化、内涵相对应，也就是说企业直播要符合企业品牌的价值。但是，企业在直播的过程中时常会注重于体现品牌的价值，而忘记内容创新的重要性，导致只能依靠品牌来带动流量，而无法做到以内容来吸引流量。

纯粹的品牌直播，最典型的就是杜蕾斯2016年4月份的直播活动。这场直播活动没有核心的网红，只有纯粹的品牌，并且杜蕾斯连接了六大直播平台，吸引了440万名观众。然而，这场直播最后却被网友吐槽为"一

**直播营销：** 重新定义营销新路径

个小时搬床，半个小时采访，半个小时体操，半个小时吃水果，另外半个小时'谜之沉默'"的"套路"直播。直播的内容毫无创新，纯粹只是利用了杜蕾斯的品牌内涵在"造势"，即使招揽了440万名观众，但是获得最多的还是"差评"。

不得不承认杜蕾斯的品牌直播确实在短时间内带来了大量流量，但是空洞的内容最终还是造成了营销活动的失败。因此，只有在直播的过程中将企业的品牌与创新内容相结合，利用新颖有趣的内容，让BGC的流量效应最大化，才算是真正的"品牌产生内容"。

比如，曾经在Twitch上的"神奇宝贝红板"游戏万人同玩直播活动。一名主播在Twitch上直播神奇宝贝的游戏，不过这名主播并不是单纯地玩游戏给别人看，而是通过Twitch的直播平台，让所有观看直播的人都参与到游戏中，只要在留言栏中输入指令，就可以让游戏中的人物做动作。这种直播方式，曾让10万人同时在线玩"神奇宝贝"的游戏，并且最让人感到"神奇"的是，在直播观众输入指令不断重复的状态之下，居然完成了游戏通关。

许多观众对这场神奇宝贝的"万人游戏活动"的结果都非常好奇，因为网民下指令带有强烈的随机性，所有人都无法预测游戏下一步的走向，结局也难以预测，所以在当时的情况下轰动一时。这种让虚拟世界与现实世界产生冲突，进而刺激观众好奇心的BGC直播内容，就是对"神奇宝贝"这个品牌最有效的推广。

因此，将直播中PGC、UGC、BGC这三大内容营销综合起来可以看出，任何直播的内容都需要创意，越新奇的内容传播速度越快、效果越好。从内容上提高直播营销的整体质量，才是未来企业传播品牌和产品信息的最终方向。

**直播营销：**重新定义营销新路径

# 直播+娱乐：让营销更有趣

2016年上半年，娱乐平台相继崛起带来了"全民直播"的盛大景象。但这种盛景却没有维持太久，到2016年下半年，直播产业出现了严重的下滑趋势，甚至许多家新兴的直播平台在盛极一时之后迅速衰落、倒闭。直播行业盈利困境并不是偶然，而是过度泛娱乐化带来的必然结果。但是，现在的社交都离不开娱乐，而直播作为当下最受宠的社交方式，自然无法在没有"娱乐"的前提下创造收益，所以"直播+娱乐"是现在直播营销必定会利用的方式。

### 1."直播+娱乐"的误区

由于直播的火爆，导致越来越多的人想要通过直播平台分一杯羹。这种大众争先涌进直播平台的现象，最终让直播变得庸俗起来。虽然直播的内容确实具有"娱乐性"，这种"娱乐性"是直播持续发展的资本，但是当下直播对于"娱乐"的误解，造成了直播平台流量不稳的局面。一旦出现一个更"奇葩"的内容，原来直播平台中的流量就会大量流失，因此许多直播平台无法形成良性的流量循环系统。点开任意一个直播平台，几乎都能看到妆面夸张的主播、花哨的背景、很奇葩的"表演"。甚至一些主播为了显示自己的"独特"，可以表演"吃生肉""吃灯泡"这种常人难以理解的"节目"，表演完后就朝着观众要"打赏"。

这些直播内容表面上看上去是一种"娱乐"，实质上却是直播内容低俗化、同质化的表现。观众迟早会对这种庸俗、无聊的内容感到厌倦。当内容为了追求娱乐性变得过分"奇葩"时，会受到观众的抵制，甚至会让观众产生怀疑，最终破坏了直播本身具有的真实性。

直播平台为了娱乐的目的，不惜使用道具欺骗观众的眼睛，甚至部分主播为了获取流量利润，踏上了法律禁止的地带。这些行为，都会导致直播最终进入一个可怕的死循环，甚至对直播所处整条产业链带来毁灭性的打击。因此，无论是企业还是直播平台，在利用"直播+娱乐"这种营销方式时，一定要选择一条正确的、可持续的道路。

### 2."直播+娱乐"的正确方式

正确的"直播+娱乐"的方式不应该过度"泛娱乐"化，而是通过"直播+"让内容与各种有趣的事物结合，打造相应的娱乐品牌。因此，"直播+娱乐"中的"娱乐"可以指综艺平台、选秀节目、音乐节目等现有的成熟娱乐方式，甚至可以涵盖养生、科技、教育等方面。只要是能让观众感受到"娱乐"的方式，并且这些方式足够成熟、足够正规，不是靠"奇葩"来炒作，都可以与"直播+"相连接，形成正确的"直播+娱乐"的营销战略方式。

比如斗鱼直播平台。目前，斗鱼直播平台中娱乐带来的效益仅次于游戏直播的效益。因此斗鱼内容事业部娱乐中心总监刘阳表示，打造泛娱乐的直播生态圈是平台的战略目标之一。

因此，斗鱼利用"直播+娱乐"的方式让直播内容与综艺选秀结合，打造了全新的艺人选秀养成类直播《青春练习生》。《青春练习生》是2017年上半年斗鱼最大的直播活动，从直播偶像选拔开始，再到培养过程。斗鱼用这种方式不仅打造了全新的斗鱼平台直播偶像，而且创造了巨大的盈利。有数据显示，斗鱼《青春练习生》光是靠上海站分赛场的直播，营收就超过了30万元。然而《青春练习生》的选拔在上海、北京、武汉、成都等城市有分赛场，涉及了300多所高校，预计总共有20000名参赛者。

综艺娱乐直播活动《青春练习生》还引来了大量其他相关公司的关注，一些演艺公司的经纪人发现有潜力的"练习生"就会进行现场签约。经过筛选的"练习生"将近有一半获得了签约，甚至一些"练习生"直接被邀请到商业活动中。因此，《青春练习生》成为斗鱼打造"直播+娱乐"良性循环圈的开端。

图4-5 斗鱼《青春练习生》部分选手合照

斗鱼作为直播平台中的佼佼者，并没有急匆匆地踏入"直播+娱乐"的误区，而是正确地利用"直播+综艺+选秀+偶像养成"的方式让观众感受到全新的娱乐直播内容。在这种"直播+娱乐"的模式中，斗鱼平台有意识地将直播中的网红升级为"养成偶像"，进一步创造了有价值的主播、有价值的娱乐内容。

因此，"直播+娱乐"必须选择一个正确的、可持续的方向，才能让营销活动变得更有趣。当观众对这种良性的内容产生兴趣时，企业就可以在这种"直播+娱乐"的模式上源源不断地获取流量，最终形成"直播+娱乐"良性循环圈。

**直播营销：** 重新定义营销新路径

## 直播+场景：用真实为信任背书

伴随着移动互联网的发展，海量信息被用户聚集在社交网络中的同时，这些信息又各自以不同的方式被外界分享。分享是现在互联网信息流通的侧重点，而社交平台则为信息的分享提供了方便的道具。在汇聚了海量信息的社交平台中，用户筛选可信任的真实信息则完全依靠个人对于平台、对于信息的信任度。只有当用户对于直播内容产生强烈信任感的时候，用户才会对直播的内容产生认同感。因此，企业在利用直播营销的时候，就必须紧紧抓住观众的信任度，进而让观众认同企业的品牌和产品。

企业能够紧抓用户信任度的直播营销模式就是"直播+场景"模式。直播可以为观众带来强大的真实感，这种真实感主要有以下两点来源：

第一，直播场景中的信息绝对真实。因为直播可以在信息发生的时候，通过互联网向所有的网民进行同步传播，并且从信息的采集到信息的传播之间的时间间隔非常短。在大多数情况下，没有类似电视台专业设备的直播平台很难进行视频信息的修改。所以，"直播+场景"保证了信息的及时性与真实性。毕竟现在还没有出现任何不消耗大量成本的技术，可以在如此短的时间内改变视频信息传播的内容。

第二，直播展示的场景绝对真实。由于直播需要借助"拍摄"来完成，所以直播为观众展示的场景永远都是现实世界的场景。不会像互联网上经过大量特效处理的视频，可以利用虚拟技术创造一个全新的场景，进

# 第四章
## 战略布局：直播营销的打开方式

而覆盖原有的场景。

但是，以上"直播+场景"自带的信任来源对于企业营销来说还远远不够。企业如果想要在"直播+场景"中取得战略性胜利，就必须建立更加广阔、更加清晰的现实场景为信任背书。而这种场景的建立，则必须根据企业自身推销的产品来进行创新。

深圳市大疆创新科技有限公司，是全球相对顶尖的民用无人机生产商，同时也是影像系统自主研发商和制造商。自从大疆与Facebook合作之后，每天都有2000—3000个无人机玩家在Facebook上利用无人机进行直播。2016年，大疆再次宣布与微博合作，在国内推出无人机直播。由于无人机的灵活性，为观众带来了更广阔的视野，让观众看到了与众不同的、更有"高度"的内容。因此，无人机与微博直播设备的对接，为微博直播平台的观众带来一个崭新的场景。

图4-6 大疆公司的民用无人机产品

大疆公司使用"直播+无人机"的方式强化了直播的场景，使直播多了一项加分技能。同时，无人机与直播的结合，等于间接推广了大疆公司的产品，让无人机的产品市场不再局限于少数的无人机玩家当中，直播平台上想利用无人机进行直播的主播、看过无人机直播进而对无人机感兴趣的观众等,都有可能发展成为无人机未来市场的客户。

其实无人机直播在各大直播平台上都出现过,但是由于无人机设备的问题,这种直播方式一直没有在国内盛行起来。2016年6月,青岛交警部门开始使用"直播+无人机"的方式,在网上直播执法活动。2016年7月,青岛交警使用这种模式夜查酒驾,当晚的直播观众就有9813人,收到1.7万的点赞量。无人机不仅为直播观众带来了更好的场景体验,还起到了追踪、记录违法证据的作用,对于打击违法行驶的车辆起到了良好的效果。

由此可见,无人机在"直播+场景"的应用中,不仅可以为企业带来利润、为观众带来全新的体验,而且可以在执法部门执法的过程中发挥重要的作用,甚至可能成为未来其他行业发展的重要道具之一。虽然无人机现在还存在许多技术问题,比如续航问题,由于大多数普通无人机续航时间十分短暂,甚至无法超过30分钟,等续航时间过去无人机就会自动返航。但是,随着未来技术的发展,无人机现存的问题一定会得到解决。并且,直播利用无人机为观众带来更好的场景体验,必定会成为未来"直播+场景"在营销中的重要应用。

无人机在直播中的应用不仅让场景变得最大化,而且会吸引更多的观众参与到直播的过程中,甚至拓展了无人机的产品市场。但是各大企业、直播平台该如何利用无人机进行"直播+场景"的营销战略,则取决于企业自身产品或者品牌的定位。这种为观众展现大场景的方式,在很多情况下仅能用于一些大型企业,一些没有流量基础的新兴企业在实行的时候可能会出现一定的困难。

# 直播+旅游：旅游营销新花样

移动互联网的发展，让智能手机在世界范围得到普及，只要拥有智能手机，就可以在全球任何角落进行直播。由于科技让直播变得"泛滥"，导致单纯室内秀场的直播已经无法满足直播受众的需求，观众想要通过直播看到更加真实、多彩的世界。因此，"直播+旅游"的营销方式才能进一步衍生出来。通过"直播+旅游"的方式，让主播带领观众在足不出户的状态下，通过直播平台看到世界各地的名胜风景。

旅游业在互联网中的营销方式，大多数以风景图片和旅游宣传片为主。这些风景图和宣传片在多数情况下都是经过后期处理才会放到网上，导致游客在旅游景点时看到的真实景象与图片和宣传片反差极大，让游客产生被旅游公司"欺骗"的心理。这种心理在旅游产业发展中日积月累，最终会让越来越多的游客开始拒绝相关公司提供的旅游服务，甚至对旅游产生排斥感。但是，当直播与旅游相结合时，让直播中的用户看到了一个绝对可信、更真实的"美景"，并且提高了用户对于旅游景点的风景、美食等的全方位体验，进而让用户产生旅游消费的动力。目前由于直播设备在户外的限制性，可实行的"直播+旅游"的主要方式有三种：

第一种，就是将直播间衍生到户外，让主播成为"导游"带领观众一起看风景。这种模式许多直播平台、旅游企业都已经开始使用，甚至一些名胜风景区也开始自主直播。

**直播营销：** 重新定义营销新路径

2016年6月，途牛旅游网开始与花椒直播平台合作，共同打造"直播+旅游"的全新商业模式。途牛影视与花椒直播签署了战略部署协议，双方不仅要共同建立花椒旅游直播频道，而且要联手打造《超级自由行》和《牛大嘴》两档直播节目。

图4-7　途牛超级自由行订购页面

途牛影视总经理耿西鹏表示："途牛影视拥有全球最优质的旅游目的地资源和PGC（专业生产内容）能力，通过旅游直播的方式，不仅给花椒用户提供更好的观看体验，而且将为花椒直播带来优质的内容资源。借助花椒直播平台，途牛影视既创新了营销方式，又能提供全新的客户服务方式，也有助于进行直播的商业化尝试。"

途牛利用直播，将传统企业面对用户"一对一"的模式上升为"一对N"，提高了获取互联网客户的效率。同时，在直播的过程中利用人气主播带来的流量效应，为途牛网引入全新的流量，拓展了企业的客户市场。

第二种，就是通过专业户外探险者或者探险团队直播户外探险方面的内容，利用探险地的神秘引发观众的好奇心，进而向观众推广企业产品。

2016年12月底，斗鱼直播平台与携程旅行网联合，首次邀请体坛人员

## 第四章
### 战略布局：直播营销的打开方式

以直播的形式深入到神农架腹地，寻找传说中的"神农架野人"。而且，在直播的过程中，携程旅行网还不定时地为直播观众发放"红包"，激发观众观看的热情。

斗鱼联手携程的"神农架探秘"直播节目，实际上还受到了当时即将全国公映、全球首部揭秘野人秘密的冒险灾难电影《大脚印》的启发，选择神农架景区认为的最佳拍摄路线。全程直播的内容，不仅涵盖了"神农架野人"的神秘元素，而且包括了神农架当时最有特色的部分风景区。

神农架是大多数人有所了解但又不熟悉的地方。神农架由于地理环境的因素，再加上野人的传说，成为许多人心目中的"神秘禁区"。普通人只能在书中、影片中或者互联网中了解部分与神农架相关的内容，但是真实的神农架却鲜少有人了解。携程网通过斗鱼直播平台，以"探险揭秘"为主题首先吸引了一大批对神农架抱有好奇心的观众，进而通过直播带领观众走过许多神农架的景点，最终达到了旅游营销的目的。

第三种，就是更容易刺激观众的"直播+荒野求生"。将直播与荒野求生结合并不是一件容易的事情，因为荒野求生并不适合大众，只有少数专业人士才懂得真正的荒野求生技能。很少有人能像"贝爷（贝尔·格里尔斯，Bear Grylls）"那样成为"站在食物链顶端的男人"，因此对于企业和直播平台来说，要寻找一个像贝爷那样的"荒野求生达人"非常艰难。但是，荒野求生却是最能够吸引人眼球的"直播+旅游"的营销方式。因为，哪怕是在传统的节目中，"荒野求生"就已经带来了巨大的收视率，如果用更加真实、直观的直播来传播"荒野求生"的内容，那么"荒野求生"一定会成为"直播+旅游"中最大的流量领域，并为旅游业相关的企业开辟一个不可估量的流量市场。

**直播营销：** 重新定义营销新路径

  2016年，六间房直播平台中的某个直播间开始上演中国版"贝爷"的"荒野求生"——两个直播ID为"猛子""眼镜"的主播开始直播十天野外生存的全部过程。在十天的全天候、无间断的直播中，"猛子"为主要"演员"，负责打猎、生火等，而"眼镜"则负责拍摄等后勤工作。他们不住帐篷，在纯自然的条件下，选择靠近水源、远离悬崖、背阴、避风的地方扎营。在极度缺乏食物的条件之下，他们还吃过蜻蜓、螳螂、青蛙、小甲鱼等，甚至为了生存还吃下了蛆虫。即使在如此艰难的条件下，两人还不忘在直播的过程中与粉丝互动，为粉丝展现野外的风景、讲解野外生存的小知识，甚至把误以为他们是"逃犯"的警察也吸纳到他们的粉丝群中。"猛子"和"眼镜"的"荒野求生"直播开播于2016年6月20日，到2016年6月27日他们的直播间就已经迅速升至两冠。

  由于"荒野求生"的特殊性，为观众展示了一般生活中或者旅游中很难体验到的感觉，能够在一定程度上为观众带来新鲜和刺激的感觉。再加上，实行"荒野求生"的人不仅需要充足的野外生存知识储备，最重要的还是要具备极大的行动力，心理上也要有充足的勇气。这些都是普通人身上很难同时具备的素质，因此才会让观众群体对"荒野求生"的人产生敬佩感，进而让观众"臣服"。在观众对于"荒野求生"的主播产生"臣服"感的时候，自然也就形成了主播的粉丝圈，为直播带来巨大的流量。而企业可以利用"荒野求生"一边吸纳流量，一边通过主播为观众展示的野外风景，进一步宣传企业相关的旅游产品。

  从以上三种"直播+旅游"的方式中可以看出，最容易执行的就是将直播间衍生到户外，最难执行的就是"直播+荒野求生"。反观流量，最能引发流量浪潮的就是"直播+荒野求生"，而将直播间衍生到户外的方式虽然容易实行，但是带来的流量效益会少很多。因此，企业在执行"直播+旅游"的营销活动时，要根据自身的实际情况选择不同的方案。

# 第五章 05 战术策划：直播营销的流程设计

"直播"无疑是当前互联网最火的关键词。直播不仅以"社交"的名义为市场开辟了崭新的营销时代，从直播营销中甚至可以预见未来全球流量的市场走向。企业想要提前把握住直播营销的走向，在建立了一个优秀的开端之后，在行动之前还要制定相应的战术策略，从最基础的市场调研开始，逐步形成直播营销的初步流程设计。

**直播营销：**重新定义营销新路径

# 市场调研：寻找市场机会

直播工具非常简易，因此直播的门槛非常低，导致直播呈现井喷式爆发的现象。虽然直播是这个时代营销的有力武器，但是在铺天盖地的网络直播中，企业要想让直播的内容在"全民直播"的背景中脱颖而出，并且达到营销的目的，实为一件非常困难的事情。因此，企业在直播营销的过程中，首先要做的就是进行市场调研，寻找潜伏在市场中的机会。

实际上，所有的营销活动都离不开市场调研这一重要步骤。所谓的市场调研，就是利用科学的方法收集、整理市场的详细信息，并且针对市场的现状预测市场未来的发展趋势。因此，市场调研对于企业的品牌、产品来说拥有很强的针对性，并不是企业对市场盲目的调研。企业只有通过市场调研了解、分析自身营销中存在的问题，才能针对当前的市场做出正确的营销方案。为了保证企业能够制定出正确的直播营销策略，就必须有步骤地进行市场调研。

### 第一步：正确定位目标市场

确定企业的目标市场是市场调研成功的基础。如果企业在第一步就定位了错误的目标市场，那么接下来的市场调研工作都会变得无效。在一般情况下，企业定位正确的目标市场要从两个方面出发：第一是产品，从产品的销量、产品的寿命、消费者反映的产品的问题等各方面入手，从而确定产品的市场；第二是品牌，品牌是企业的"门面"，也是企业最有效的

"广告"。因此，要从产生最大品牌效应的市场开始，与产品市场相结合，定位企业调研的目标市场。

**第二步：收集信息资料**

在这个信息呈现爆炸式增长的年代，营销市场中的信息也会同样泛滥。因此，企业必须根据已经确定好的目标市场，结合自身的需求进行信息资料的收集。但是，在收集的过程中，企业并不需要把所有与企业、品牌、产品挂钩的信息都收集过来，而是要根据实际情况进行收集。即使企业大范围收集市场中的信息资料，而与企业营销需求无关的资料都会被淘汰，所以企业不必做那么多的无用功。

**第三步：筛选、整理、分析信息资料**

每个企业都会利用不同的方式收集到各个方面的资料，为了避免信息资料的混乱，让接下来的调研步骤能够更加顺利地开展，就需要对收集的资料进行筛选、整理、分析。

首先，筛选信息资料就是"去其糟粕，取其精华"的过程。企业要根据将要进行营销的品牌状况或者相关产品，筛选出对市场调研有用的资料。

其次，将经过筛选的信息资料进行整理。整理资料就是将资料进行归类：将与产品问题有关的资料分为一类，将与品牌问题有关的资料分为一类，将与产品优势有关的资料分为一类，将与品牌优势有关的资料分为一类……只有将资料进行详细整理，才能方便企业接下来对信息资料的调用。

最后，分析整理好的信息资料。分析资料主要是为了确定企业现有的优势，以及企业品牌、产品现有的详细缺点，并且根据缺点提出解决、补救的方案。

**第四步：依据信息资料制订行动计划**

实际上，当企业完成筛选、整理、分析资料的时候，就等于得到了调研的结果。但是，仅有市场调研的结果还不算真正完成调研，企业还必须根据市场调研的结果制订行动计划。其实，制订行动计划才是市场调研真正的核心目标。在制订行动计划的过程中，企业必定已经从现有的信息资料中明确了自身所处的地位，发现了市场中营销的机会。因此，企业在制订行动计划的时候，一定要根据现有的资料注意计划的针对性、系统性以及预见性。

（1）针对性。即使资料已经经过筛选处理，但是也不一定代表所有的资料都与营销的产品有关系。所以，要结合营销的产品和营销的目标市场，制订有针对性的计划。

（2）系统性。企业制订的行动计划必须既能够分清先后顺序，又能够突出重点。也就是说，计划要在有限的成本之下，让企业获得最大的经济效益，还能完成专业化的市场组织管理。

（3）预见性。企业制订的行动计划，不仅要能够与目前的营销市场挂钩，而且能够预测未来市场中可能出现的变化，并针对这些变化给出相应的行动方案。所以，企业的行动计划要既能够预见市场的发展，又能预见企业在未来营销中的发展状况。

市场调研是企业进行直播营销的开端，只有完成了以上市场调研过程的四步，才能为企业找到市场中产品营销的机会。

# 第五章 05
## 战术策划：直播营销的流程设计

# SWOT分析：优势结合，劣势规避

随着直播的火热发展，直播营销对于企业的魅力也越来越大。尽管直播为企业的营销活动带来了便利，但是企业也无法避免会陷入直播营销带来的竞争局面。在部分企业利用直播的优势获取利益之后，就会有其他企业也想在直播带来的利润中分一杯羹。为了在直播营销的竞争中占领战略制高点，就必须对直播营销的市场进行调研，利用SWOT分析法对直播营销进行分析，将直播营销与企业的优势结合，避免企业在市场中处于劣势。

1.SWOT分析法

SWOT分析法中，S是优势（strengths），W是劣势（weaknesses），O是机会（opportunities），T是威胁（threats）。实质上，SWOT分析是指在企业的市场竞争中，对企业内部条件和外部状况的各方面内容进行分析，进而让企业形成一套结构严谨、逻辑细密的分析系统。利用SWOT分析可以将企业的营销战略与公司的内、外部资源进行整合，明确公司内部的优势和劣势，了解企业在市场中面临的机会和威胁。因此，SWOT分析可以让企业内部的资源和行动力集中在市场机会最大的地方，并根据企业自身的性质制订出合理的战略。

2.SWOT分析的步骤

SWOT分析除了要根据企业自身的实力之外，还要依据企业与竞争对手的对比结果。因此，在进行SWOT分析的时候要注意以下步骤：

首先，要通过收集企业内部的信息，分析企业自身的优势与劣势。通过前期的市场调研，每个企业都应该深刻了解自身存在的优势与劣势。因此，企业可以根据现有的营销方案，结合企业内部各个影响营销成果的因素，将这些影响因素进行强弱等级划分。实际上，每个企业都会拥有非常多的竞争优势，所以在进行营销影响因素强弱划分的时候，要尽量注意到生产链上的每个环节，把影响因素划分得更加详细。除此之外，企业还要根据市场竞争的变化进行分析。因为任何一家企业的竞争对手在看到别的企业营销策略获得胜利之后不会无动于衷，他们也一定会采取相应的策略进行反击。为了让企业能够更好地迎接对手的反击，就必须根据竞争企业营销策略的变化进行相应的分析。同时，在企业进行第一步分析的时候，一定要注意不能纠结于内部的劣势因素。每家企业都会存在一定的劣势因素，而分析企业内部的劣势因素除了让企业针对劣势因素提出相应的改正方案之外，最重要的是为了与优势进行比较，利用优势尽可能地进行"补差"，辅助企业开辟流量更大的营销市场。

其次，要通过收集来的外部信息，分析企业在市场中的机会和威胁。随着世界经济的发展，消费者的需求也变得多样化，导致许多企业处于一种被动的环境之下。在全球的市场中，大多数企业都在顺应消费者的需求进行生产、销售，很少有企业能够主动占据市场中的主导地位。因此，企业必须要通过前期市场调研中的信息，对所处的外部市场进行分析，结合自身的优势发现市场中的机会，依据劣势排除市场中的威胁。市场中的机会，是企业未来的发展机会，等同于企业在未来市场竞争中占据的优势。市场中的威胁，指的是市场中不利于企业发展的因素，包括竞争对手、用户负面评价等。企业必须针对这些威胁进行相应的调整，进而提高企业在市场竞争中的地位。

最后，从整体上进行SWOT分析，将优势（S）、劣势（W）、机会（O）、威胁（T）进行排列组合，形成SO、ST、WO、WT等策略。企业要从这些组合中找出对自己有利的因素，剔除不利的影响；发现存在的问题，寻找解决的办法；明确当下的消费市场，拓展未来的营销战略。在将这些研究对象罗列出来的同时，按照矩阵排列各个因素，进一步进行系统性分析，从互相匹配的因素中找到决定性的营销策略。

3.制订营销方案

通过SWOT分析，企业可以利用自身的优势创造有利的市场，并且规避现有市场中不利的外在条件。而SWOT分析为企业准备的一切内容，都是为了制订企业的营销方案。企业的营销方案想在市场中获取流量，就必须领先整个行业。因此，越有预见性的方案在市场竞争中越有利。

对于企业来说，大多数公司只有10年左右的寿命。即使对于全球著名的跨国公司，能够"活"到"50岁"的也是凤毛麟角。然而，以化学火药起家的杜邦公司已经拥有了超过200年的历史，并且杜邦公司的业务已经拓展到农业、科研、食品等各个领域。其实，在杜邦第二位领导者去世的时候，杜邦公司就面临着近乎破产的局面。后来，杜邦家族的三个堂兄弟以2000万美元购买下杜邦公司，并对其进行整改。而所谓的"整改"，不过是为杜邦引进了系统性的管理方式，在生死关头制订了正确的营销计划：19世纪的杜邦以火药为主，而到了20世纪杜邦则把主要目标放到化工产品上，21世纪进军生物科技领域。

图5-1 杜邦中国官方网站介绍页面

**直播营销：** 重新定义营销新路径

即使是能够称霸整个营销市场的大型企业，也会在市场的不确定性中失败。但是杜邦公司在危急关头及时对企业的营销整体方案进行了整改，又为企业制定了一个正确的营销发展方向，并且有预见性地制定了更加长远的市场拓展方向，最终让杜邦能够成为全球少有的"百年企业"。因此，企业通过制订预见性的营销方案，不仅可以避免市场中的危机，而且能够实现企业的可持续发展。

由此可见，SWOT分析的最终目的就是为了结合企业的优势制订合适的营销方案，让企业规避市场中的劣势。因此，在直播营销的战术策划中也不能缺少SWOT分析，因为直播营销的核心就是"营销"。只要企业需要进行营销活动，就必须提前做好充足的准备，因此SWOT分析才能成为直播营销战术中的重心之一。

**第五章 05**
战术策划：直播营销的流程设计

# 定位受众：找准目标人群

"全民直播"的时代场景，折射出网络中直播受众需求的"多样性"。因此，企业在制订直播营销计划的过程中，必须从自身的品牌和产品受众出发，与直播的受众相结合，才能通过直播营销找到准确的消费人群。企业只有找到准确的目标人群，才能为直播营销产生的利润打下基础。

## 1.品牌定位受众

品牌是企业的代名词，因此品牌时常会凭借自身的效应捆绑市场中的部分消费者。也就是说，这些被品牌"捆绑"的消费者，就是品牌定位的受众。

以品牌定位受众最好的案例就是"海澜之家"。海澜之家的广告词是"男人，一年逛两次海澜之家就够了""海澜之家，男人的衣柜"。不管男人还是女人在穿着上都非常讲究，特别是职场人士，更加注意自己平时在职场中的形象。但是男人的天性决定了大多数男人不可能在挑选服装上花费大把的时间。然而，市场中的男装种类繁多，让大多数男人在如此繁多的服装品牌中挑选出适合自己的，对他们来说简直就是一场"考验"。而海澜之家就抓住了男人挑选服装的特性，抓住了男性消费者的心理，以恰当的广告将品牌打入男性消费者群体中，以"海澜之家"这个品牌定位了广大男性消费者服装市场。

由此可见，品牌定位受众是企业营销市场中最大的客户来源。在消费者逐渐不满足于单纯解决消费需求的情况下，品牌给予消费者的便捷度、满足度等都会成为消费者购买的原因。因此，在制订营销计划的过程中，一定不能忽略品牌所定位的受众，并且要以品牌定位的受众为主。

2.产品定位受众

产品不一定起源于消费者，但是产品最终一定要回归于消费者，所以产品才能在一定程度上定位营销的受众。

目前产品定位受众有两种模式：

第一种模式，是企业根据市场中的消费者需求生产相应的产品。现在大多数企业都在沿用这种方式，特别是一些初创公司。这些企业在进行生产之前，已经对市场进行了深入的了解，并且已经打入到相关消费者的群体中，初步为产品的定位起草了框架。

比如，网购平台"唯品会"在创立之初就打着"一家专门做特卖的网站"的旗号，为消费者提供低价的品牌服装。由于当时唯品会已经深入了解了白领群体，知道白领需要穿起来体面的品牌服装，但是这类服装一般都极其昂贵。因此唯品会就将一些大牌的"特卖"提供给白领人群，进而打造了初步的网络销售。

小米的兴起，同样也是根据消费者的需求来制定产品。在几年前小米刚刚诞生的时候，市场中被大多数消费者欣赏的智能手机基本都是3000元以上的高价位。在当时的情况下，很多消费者在购买如此昂贵的智能手机时都十分犹豫。小米适时地推出了2000元左右、性价比高的智能手机，于是这些消费者就投入了小米智能手机的怀抱，成为小米手机的受众。

第二种模式，是企业利用产品来开发消费者市场。也就是说，这类企业在研发产品的过程中，都是先有产品后有需求。虽然这种情况貌似违背了市场中"顾客至上"的理念，但是多数大型企业都会在后期产品研发生产的过程中采取这种模式。因为，普通人的观念可能无法跟上前沿科技的发展。而只有优先推出相应的科技产品，对产品的营销模式进行相应的调整，以产品来带动消费者的需求，进而让这些前沿的科技新品成为大众的日常必需品。当产品进入市场之后，以自身的魅力让消费者产生需求，这些有需求的消费者经过日积月累，最终会成为产品定位的受众。

### 3.直播与品牌、产品受众的结合

直播营销是当下最为火热的营销模式之一，不同社交媒体的出现以及消费者年龄层次的分化，最终让直播的受众定位到80后与90后身上。由此可见，直播在某种程度上也为企业的营销市场带来了一定的局限性。企业在制订直播营销计划之前，必须将直播与企业自身的品牌、产品相结合，进而找到市场中真正会被企业直播营销吸引的人群。

乐视全球云直播与众信旅游联手打造了"边旅行边恋爱"的直播节目。这档单身直播旅游节目，除了为观众展示相应的旅游路线之外，还融入了相应的恋爱元素。观众可以通过直播平台进行投票，选出相应的几对"网红"进行配对，甚至可以通过直播平台上的投票决定节目的发展方向。

乐视与众信旅游精心策划的这场直播营销，不仅吸引了80后和90后的受众，还以非常特殊的"旅游+爱情"为主体，让直播受众中的单身人群与众信旅游品牌、产品的受众相结合。从各个方面直击营销市场，让市场中相应的消费者群体对旅游产生兴趣和向往，进而实现销量的转化。由此可见，企业想要利用直播营销深入一定的市场，还需要依据企业自身的品牌、产品来进行确认。只有同时结合直播、品牌、产品的受众，才能准确定位到市场中的目标人群。

图5-2　悠哉网"边旅游边恋爱"宣传页面

企业可以采用的直播营销方式永远不会局限于一种模式。直播作为与互联网相吻合的营销方式，未来还拥有很大的发展空间。因此，企业一定要在品牌、产品的基础上连接相应的直播平台，并与直播平台一起寻找、拓展真正的营销市场。只有明确了市场，才能让企业从直播营销中获得真正的收益。

# 第五章
## 战术策划：直播营销的流程设计

# 平台选择：找到匹配的直播平台

企业的营销手段伴随着社交平台的发展，从文字、图片为主的时代逐渐过渡到视听时代。视频化不仅是社交平台和传播媒体的发展趋势，还成了企业在移动互联网上聚焦流量的重要策略之一。无论是PC端还是移动端，各类移动互联网直播平台都在不断地涌现出来，并且成为移动互联网视听的主流载体。因此，企业在利用直播进行营销的时候，一定要注重选择匹配的直播平台。

### 1.平台类型和规模

在"百播大战"的背景之下，能够占据直播流量市场的不同直播平台各自具备不同的优势。因此，企业直播在挑选直播平台的过程中，最先考虑的就是依据自身的产品挑选合适的平台类型，再挑选直播平台的规模。

企业挑选直播平台的类型的时候，要根据现有的主要的四大类直播——游戏直播、娱乐直播、电商直播、专业类直播进行挑选。虽然直播已经逐步走向垂直化细分，但是以直播目前的发展来看，这四类直播依旧占据互联网直播平台中的主体部分，因此目前企业在挑选直播平台类型的过程中，依据自身的产品尽量从这四大类直播中进行挑选。

在明确直播平台的类型之后，企业还要结合自身的发展状况，根据直播平台的规模进行挑选。目前中国已有数百家的直播平台，可以依据用户的数量以及平台的设备分为大、中、小三种规模。在直播营销中，大、中、小三种规模的直播平台，都存在一定的优势和缺陷。

类似YY、斗鱼等早期发展的大规模的直播平台，这些平台已经具备了专业的设备，并且在发展的过程中积累了许多网红主播和互联网流量，因此企业如果有足够的实力选择大规模的直播平台，就能通过平台将大量流量引入企业直播中。但是，大规模的直播平台需要企业付出的成本相对较高。

中型的直播平台有网易BoBo、酷狗直播等。中型直播平台本身自带的流量不如大规模的直播平台，但是也包含着一定的稳固的流量，因此也可以为企业少量引流。由于中型直播平台自身发展和设备的问题，所以需要企业支付的成本相对较少。因此部分中小型企业在没有足够营销成本的情况下，可以考虑选择这类平台。

小型直播平台在"百播大战"中占据了一大半的"江山"。这类直播平台大多数只能成为"百播大战"中的牺牲者，即使曾经在短期内吸纳过大量流量，但是并不能积累流量，最终会被时代逐渐淘汰。因此，企业在选择直播平台的时候，不能被小型平台中一时的流量所蒙蔽，要尽量避免选择此类直播平台。因为这类平台本身就没有流量积累，既不能为企业直播进行引流，也没有相应的网红主播为企业带动流量。

2.平台的用户

平台的类型和规模决定了平台的用户数量，但是企业在选择直播平台的时候，既要看用户数量，又要关注用户质量。用户质量包含了用户的活跃度、用户消费水平以及用户与产品的匹配度。

活跃的用户才是直播平台中真正的流量来源。大型直播平台虽然有大量用户，但是也有很多都是空有账号的用户。这些用户很少或者从不在平台上观看直播或者开展直播，只是单纯地注册了账号之后就没有后续行动。虽然这些用户在直播平台中可以查找到，但是如果将这些账户ID转移到真实的环境则无法找出,但是直播平台还是会把这些空有账号的用户规划到平台用户的范畴进行统计。所以企业在选择直播平台的时候,要注意直播平台中真正活跃的用户,要选择空账户比例相对较小的直播平台。

用户的消费水平决定了企业直播营销的效益。企业要根据自身产品的价值,选择大多数用户消费水平与产品价值相符的平台。比如,现在一些以游戏直播为主的平台上的用户大多数为90后,甚至是95后。此类用户大多数是学生,或者刚开始上班工作还没有稳定的,如果企业通过游戏直播平台向此类用户推广奢侈品,那么以平台大多数用户的消费水平,即使用户对产品感到"心动"也无法促成他们购买产品。

直播平台的类型决定了用户的类型,因此企业直播营销要选择用户类型与产品相匹配的平台。比如斗鱼直播平台中大多数用户为男性,那么以美妆类产品为主的企业就很少选择斗鱼进行直播。但是也有一些拥有足够成本的大型企业可以无视用户类型,以"大范围撒网"的方式在所有的直播平台上进行直播,然而这种模式仅限于企业拥有足够营销成本的前提下。如果一些中小型企业没有足够的成本让各大直播平台进行同步直播,就要仔细调查直播平台上的用户类型,根据用户类型选择相应的直播平台。

### 3.企业自身的因素

实际上,根据直播平台的类型、规模与用户选择匹配的直播平台,都是建立在企业自身因素的基础之上。企业在选择直播平台时需要考虑的自身因素非常多,比如产品、营销成本、市场等。其中,最主要的两个因素就是企业营销预计的成本和企业营销相对应的产品。

任何企业在进行营销活动的时候都有一定的成本预算,而企业在选择直播平台的时候一定会给予平台相应的引流"代价"。企业能为直播引流付出多少成本,在直播平台的选择上也带来了巨大的限制。企业必须要在这种限制之内,选择"性价比"最高的直播平台。成熟的大型企业往往有足够的营销成本，因此现在正在积极探索直播营销的往往都是大型企业。这些大型企业喜欢用不同的方式、不同的创意、不同的平台进行直播营销，在直播营销带来的巨大效益背后是庞大的成本代价。但是，中小型企业绝对不可能像大型企业那样在营销上花费巨大成本，所以中小型企业要根据自身的成本情况选择直播平台。同时，每个直播平台都有自己的特色，企业要根据自身的产品选择相应的平台。比如，斗鱼是以游戏直播为主的直播平台，因此可以在斗鱼上推广游戏点卡、推广游戏币等；淘宝直播平台是综合类电商直播平台，因此可以在淘宝直播平台上推广美妆、服装等。

  企业选择直播平台时，除了要根据平台类型、平台规模、平台用户和自身因素来进行之外，还存在其他细节问题。比如，平台的规范性，我国在直播平台方面制定了严格的规范，因此选择合法的直播平台也非常重要；平台的声誉，现在很多平台为了炒作传出了许多负面新闻，因此一定要避免选择负面新闻过多的平台……找到与企业匹配的直播平台实际上是一个非常严肃、复杂的过程，为了企业直播营销战略的胜利，就必须耐心仔细地挑选。

# 第五章 战术策划：直播营销的流程设计

# 策略设计：避免过分营销

企业对直播营销的热情还在持续攀升，然而直播营销与其他营销方式一样也会产生"物极必反"的情况。因此，企业在设计直播营销的过程中，一定要避免过分营销。

**1.什么是过分营销**

过分营销在各种营销模式中都可能产生，主要指的是企业过分依赖营销手段达到预期的销售量，比如大量投放明显的广告、举办各种促销活动、频繁与竞争对手打价格战等。过分营销时常会让企业在营销中投入大量成本，然而这些投入的成本往往又无法达到企业理想的目标，甚至会导致"入不敷出"的局面。目前企业的过分营销，主要有以下三种情况：

（1）企业在营销中过分投入，忽略整体管理。当某种营销手段产生效果的时候，如果企业的管理者被眼前一时的利益所蒙蔽，在这种营销手段中投入大量成本，最终会导致企业整体无法跟进营销，甚至会让企业失去原有的市场竞争优势。

（2）企业采取了某种营销手段，但这种营销手段并没有任何收益。在这种情况下，企业可能并没有在营销过程中过分投入，但是也没有获得相应的回报，最终营销活动没有产生任何效果，企业也没有因此获得任何收益。那么无论企业投入了多少，这种无效的营销同样也属于过分营销。

（3）没有形成可持续销售市场的营销也属于过分营销。比如企业过分依靠促销活动来达到销售量，虽然在促销活动的初期确实开辟了一定的销售市场，但是如果长期促销下去，最终会导致产品只能依靠促销进行销售。一旦企业停止促销活动，就会引起消费者抵触的心理，无法形成稳定的可持续销售市场。

**2.如何避免过分营销**

在"全民直播"的时代，虽然直播营销为企业带来了巨大的机遇，但是直播营销同样需要避免过分营销。科学的直播营销策略应该是基于企业长久发展的基础之上的，因此企业在策划直播营销的过程中，就要注意从以下三个方面来避免造成过分营销的局面。

（1）不打直播擦边球

在"百播大战"的年代，各式各样的直播相继涌出。部分直播为了吸引网民的眼球，喜欢制作一些打法律擦边球的内容。因此，部分企业看中了这些游走于法律边缘的直播内容带来的一时的流量，就想借助于直播擦边球来设计直播营销方案。实际上，这是绝对不可取的。虽然目前我国对直播的监管还不够完善，但是相关的政策在直播未来的发展中一定会陆续出台。

比如2016年底出台的《互联网直播服务管理规定》明确规定了直播的四个关键词："双资质""总编辑""先审后发""及时阻断"。"双资质"指的是直播平台要获得互联网服务资质、平台上的主播要实名制。"总编辑"指的是提供互联网信息直播服务的平台，要有总编辑，也就是说直播平台要有对主播、平台设备、信息内容负有主要责任的承担者。"先审后发"则要求直播平台必须建立相应的内容审核平台，对直播的内容进行审理之后才允许发布。"及时阻断"则要求直播平台拥有能够及时阻断直播内容的技术和权限。

互联网直播服务管理规定

图5-3 《互联网直播服务管理规定》发布官网

《互联网直播服务管理规定》肯定不会成为国家管理互联网直播的最终规定，在未来互联网直播平台发展的过程中，国家必定还会出台更多的政策对直播进行监管。因此喜欢打直播擦边球的企业必定会在国家的监管下受到严重的打击，不仅会影响企业的名誉，甚至会导致企业覆灭。

（2）注重用户体验

各大社交平台的发展造成了互联网信息多元化的局面，而企业直播营销的内容如果想在众多网络信息中脱颖而出，就必须注重用户的体验。直播带给观众的用户体验包括内容体验、设备体验、画面体验、声音体验等。

企业直播营销要带给用户良好的内容体验，就必须利用创新、有趣的信息丰富直播内容，同时还不能给观众带来不愉快、被欺骗的感受；设备体验主要要求直播的设备要尽可能先进；画面体验和声音体验则直接影响用户的感受，如果在直播的过程中画面和声音断断续续、时有时无，无论直播内容好与坏，用户都会觉得非常糟糕，甚至根本没有耐心看完直播。

以上所有的用户体验在企业直播的过程中都不可被忽视。因为只有带给用户良好体验的直播，才能避免出现过分营销的局面，进一步为企业留住互联网中的流量。

（3）不要过分借势

企业借助互联网中的流行元素进行营销活动已经屡见不鲜。在直播中

**直播营销：** 重新定义营销新路径

借助潮流的力量创造流量本身并没有错，但是企业一定要注意不能过分借势，否则只会让用户感觉企业在利用潮流进行炒作。

以牛肉米粉为主打的伏牛堂，于2016年做过一场名为"做粉吧喵星人"的直播，伏牛堂的创始人和一只名为"沈万三"的猫作为直播的主角共同亮相。聪明的人一眼就可以看出，伏牛堂打着教猫做米粉的旗号，实际上就是营销界惯用的利用"萌宠"当招牌的"借势"营销。虽然一场直播下来，伏牛堂卖出了30000盒米粉，但是从两个小时的直播质量上来看，观众从最初的15万人一直下滑，最后只剩下不到1万人。整场直播的过程中，只有伏牛堂的创始人在卖力"表演"做米粉，而那只"喵星人"只会时不时地叫两声，用户点进直播间后当然不会长时间观看这种明显炒作的内容。

因此企业在借势的时候一定要谨慎，不能光顾着炒作而忽略用户的体验。即使过分借势能带来一时的流量，如果忽略了用户体验，最终还是会让流量流失，甚至会让部分对炒作反感的用户产生抵制的心理。

# 第五章
## 战术策划：直播营销的流程设计

# 流量变现：确保营销策略落地

企业营销的初衷应该就是盈利。众所周知直播营销虽然可以在一定程度上节省企业的资源，但是依旧需要带宽成本、广告成本，如果企业预备将线下和线上的营销活动通过直播进行整合，甚至还要花费更多的资金。但是，营销不是无止境地烧钱就可以获得利益，以烧钱的方式抢占市场最终只会造成"入不敷出"的局面。因此，企业抢占市场的方式并不是在营销上花费尽可能多的成本，而是尽可能地让流量变成利润。

在所有与互联网有关的营销活动之中，流量不仅仅是市场的代名词，流量与金钱也是有紧密联系的。因此企业在互联网上进行直播的时候，把营销的力量集中在流量的吸纳上是远远不够的，还要注意流量变现的方法。纵观全球互联网，目前流量变现的途径主要有三种：

1. "流量+广告"

"流量+广告"是大多数利用直播营销的企业都会采用的主要变现方式。此处的"广告"不是指互联网中的弹窗广告，而是企业有内容、让用户感到有趣的产品广告。从目前的状况来看，弹窗广告变现是大部分互联网行业都会采用的一种流量变现方法。许多网站至今沿用的都是广告变现，甚至微博、Facebook等老牌社交平台，广告变现带来的利润也占据了平台总收入的主体部分。但是，弹窗广告变现实际上是互联网中最低级、效率最差的流量变现方式。只要网站有流量并且投放了一定的广告，就可以实现变现。虽然只要有广告流量就可以变现，表面看上去轻松便捷，然而实际上广告变现的转化率并不高，并且不适用于直播平台中。甚至大多数弹窗广告都会在一定程度上损伤用户体验，为用户带来不好的体验就等于失去流量，这与企业的直播营销的初衷相违背。因此，企业直播营销中"流量+广告"的变现方式中的广告，绝对不能与弹窗广告混淆。

"流量+广告"这种变现方式主要指企业利用直播中的各个因素，比如主播、直播环境、直播平台等，创造出有新意的直播内容，并在直播内容中间接穿插企业产品的广告。因此，"流量+广告"一定是建立在优质内容的基础之上，通过内容传播广告，让广告植入用户的内心深处。当广告在用户内心所产生的影响力积累到一定程度，用户就会产生购买的欲望，进而达到企业直播的效果，最终让用户在购买中实现流量变现。

2."流量+链接"

"流量+链接"是早期企业直播营销喜欢使用的方式，这种方式适合企业推荐单个或少量产品的时候使用。企业在直播的过程中，通过链接的方式向用户分享主要推广的产品，引导消费者购买。这种方式不仅适用于直播营销，而且适用于视频营销、图片营销等可以通过互联网社交平台完成的营销活动。

比如，捧红无数美妆达人的YouTube视频网站。主播会通过视频或者直播向用户推荐相应的产品，他们推荐产品的主要方式就是在视频下方放上产品的链接，让用户自己点击链接进行搜索。

图5-4 YouTube官方网站的LOGO

虽然"流量+链接"的方式可以让用户直接购买到产品，但是这种方式其实非常麻烦，用户体验也不是很好。主播时常在用户看完视频或者直播的时候才放出产品的链接，如果主播当时推荐的产品过多，用户在直播结束后还要自己在所有的链接中挨个搜索。因此，"流量+链接"虽然是目前可行的流量变现方式之一，但是这种方式绝对不是最佳的方式，仅仅适用于企业想要通过直播重点推送一个或者极少量产品的时候，并且产品的价值大众化，能被大多数用户所接受。

实际上，很多电商已经将"流量+链接"的方式进行了一定程度的改动。比如淘宝直播平台，就可以让用户在观看直播的过程中，在不退出直播平台的前提下边看边买。虽然在一定程度上弥补了"流量+链接"这种变现方式的缺陷，但是依靠"链接"的本质依旧没有改变，还是需要用户点进产品的链接中才能进行购买。

### 3. "流量+服务"

"流量+服务"这种流量变现方式，就是通过直播为用户提供各种类型的服务，并且依据服务的内容和质量向用户收费。

2016年8月初，斗鱼直播平台在《星际争霸2》国际邀请赛上开启了线上售票模式。也就是说，当观众点进《星际争霸2》国际邀请赛的直播间时，会先看到一分钟的直播画面，等这一分钟结束后就会弹出收费的提示。用户可以根据自己的需求选择退出或者缴费继续观看。

不仅斗鱼《星际争霸2》国际邀请赛直播此类服务可以收取费用，类似在线讲课、在线解答问题等此类服务都可以收取一定的费用。这种"流量+服务"的变现方式，可以促使更多的观众为有价值的内容付费，因此能够进一步促进直播营销流量变现的效率。

但是，目前"流量+服务"还是一种全新的直播流量变现模式，想要快速实现变现其实并不容易。愿意为企业直播内容付费的人非常少，大多数人还是喜欢享受免费的娱乐内容，只有少部分人会通过"打赏"的方式为内容付费。因此，用户还需要一个阶段适应才能接受"流量+服务"的方式，企业在尝试这种方式的时候必须要慎重考虑。

# 第五章
## 战术策划：直播营销的流程设计

# 有效反馈：借助数据修整方案

营销掌握着企业的命脉，企业无论以何种营销模式开拓市场，在市场中都会受到竞争对手、客户缺乏、业务限制等多方面因素的影响。而且很多企业市场部门、销售部门对企业营销数据的分析还仅停留在数据汇总和分类之上，缺乏对营销数据进行分析的理念和方法，结果导致企业前期营销积累的数据不能被有效利用。如今，互联网技术不仅推进了营销模式的转变，同时也扩大了市场中的竞争力度。为了让企业能够在市场竞争中脱颖而出，就必须进行营销数据分析，让数据为企业找到准确的市场营销定位。

### 1.数据分析的目的

数据原本就是对结果的统计。所谓的数据分析，就是把结果统计的数据进行整理，并且对这些杂乱的信息进行筛选、萃取和提炼，然后将提炼的结果明确概括出来，帮助企业找到上一次营销过程中的成功点和不足之处。并且，企业可以通过数据分析，对下一次的营销方案进行修整，借助上一次的成功点，避免可能出现的失败和不足之处。为了保证方案修改的准确性，数据分析就必须建立在真实数据的基础之上，并且能做出正确的判断分析，才能让数据分析的结果被用于下一次的营销策略制定过程之中。

因此，数据分析在企业营销中占据了非常重要的地位。企业如果想在瞬息万变的互联网营销市场中,尽可能抓住每一点稍纵即逝的流量进而创造市场,就必须在制定营销战略的过程中,从市场调研开始往后的每一步,都能够灵活地运用数据分析。对于目前的营销人员来说,直播就是一种绝佳的营销手段。但是直播营销尚未发展成熟,并且直播营销无论进行何种改变、何种创新都无法脱离"营销"的本质。因此企业在制定直播营销策略的时候,同样也要借助数据分析对策略进行修整,尽可能保证营销活动能够顺利进行,达到企业想要获得的营销效果。

**2.数据分析的方法**

实际上,企业分析营销数据的方法有很多种,而大多数企业在进行数据分析的时候最常采用的方法就是列表法和作图法。

(1)列表法

所谓的列表法,就是将以前的数据按照一定的规律做成表格的形式进行展示。这种方法不仅可以用在营销数据的分析中,而且可以用于对物理实验数据的分析、科研数据的分析等各种数据分析。设计清晰、简单的表格,可以让人直观地看到各个数据之间的联系和因果关系,能让企业清楚地看到数据分析的结果,并根据结果对接下来的营销策略进行判断和修改。

(2)作图法

制作清晰的数据分析图,可以明确地看出营销数据的变化情况,甚至可以看出市场波动的状况。让企业可以从数据分析图中看现有的变化关系,进一步推测出市场营销未来的发展趋势,并且让企业能够根据趋势对已经制定的营销策略进行改正。

进行数据分析除了可以通过列表法和作图法之外,还可以通过对比分析法、结构分析法等。只要保证企业拥有的数据绝对真实,那么分析结果的准确性就会很高。

### 3.数据分析的基本流程

直播营销是互联网技术发展的必然产物。对于企业来说，直播营销不仅改变了传统营销模式线下为主的形式，而且扩大了企业的营销市场，使市场不再受到时间和空间的限制。虽然直播营销作为一种全新的营销模式异军突起，但是企业在制定直播营销策略的过程中，在进行数据分析修改方案时，还是要遵循数据分析的基本流程。这种流程不仅适用于传统营销的方案修改，而且与直播营销的策略相符。

首先，企业要根据产品以及市场来确定自己需求的信息。从杂乱的数据中获取自己需要的信息，是企业进行数据分析的首要目的。企业要根据制定的营销策略找出需要的信息，并将这些信息应用于下一步营销策略的修改过程中，进一步优化营销计划，确保营销计划能够顺利进行。

其次，企业要有目的地收集相应的数据资料。带着目的收集数据是为了保证数据对营销策划绝对有效，同时企业还要在收集的过程中注意从各个渠道进行收集，进一步保证数据的真实性。因为企业已经确定了自己需求的信息，此时确保数据的真实性则能够避免虚假的数据可能会让企业做出错误的判断。

再次，企业要针对收集来的数据资料进行分析，让这些资料转化成企业真正想要的内容。而此时获得的内容，就可以利用列表或者图表的方式进行展现，让企业能够一目了然地看到当前营销市场的变化情况以及曾经的营销方案的优势与劣势，并推测出未来企业市场营销的大致发展方向。

最后，依据数据分析的结果进行修整。修整才是企业进行数据分析的最终目的，数据分析的结果不仅可以用来修整未来的营销方案，而且可以用来修整企业其他部分，比如修整产品的定位、生产计划、内部管理方式等。

总的来说，企业在制定营销策略的时候每个步骤都离不开数据分析，所有的流程都必须建立在数据分析的基础之上。数据分析不仅是企业营销的基础，而且是企业发展的基础。即使在互联网的大环境中，数据分析依旧占据着极其重要的地位。企业只有通过数据分析，才能将过去的收获有效地反馈给未来的市场。

# 第六章 06 兵法修炼：直播营销的必杀技

在迅猛发展的网络市场中，用户体验成为维护流量的关键点。直播营销在拥有好的开端以及流程之后，还需要具有特色的必杀技来提升用户体验。因此，可以从借势明星、突出产品等能够带来较好用户体验的方式下手，并且通过直播营销提供合理的预热活动、专业化导向、场景化引导，让企业的直播变得"独一无二"。

直播营销：重新定义营销新路径

# 借势明星，但紧扣主题

现在直播平台中的主播大多数还是从草根中而来的，很多企业在使用直播营销的时候，还是喜欢挑选自带"光环"的明星进行直播。由于明星拥有天然的粉丝圈，这些利用明星直播的企业，就是想借助明星自带的粉丝圈达到营销的目的。直播营销中的"明星热"还会持续下去，许多直播平台已经开始想尽办法吸引明星入驻，明星已然成为直播营销方案的标配。

### 1.明星VS草根

由于直播最初的内容就是简单的个人秀场，所以最早在直播中崛起的网红主要为一些普通人，带有浓厚的草根性质。这些来自于平凡人群的草根主播，由于与大多数直播受众的生活相贴合，所以受到了极大的欢迎。草根主播站在普通人的角度与受众聊天互动，并且为受众展现一定的才艺，通过这两种方式拉拢互联网中的流量。这种直播独有的娱乐方式最初确实在网络中获得了大量好评。因此，可以说草根为直播带来了繁荣，也为直播营销带来了契机。但是，伴随着人们生活水平的提高，直播受众对于直播娱乐性的追求也在不断提升。草根直播过分单调的个人秀场逐渐无法满足直播受众，直播的内容被迫提升到更高的层次。因此，企业在利用直播营销的过程中，即使草根主播能够更加亲近消费者，草根主播也已经无法为直播营销带来更有创意的直播内容。在这种对草根"压迫"的直播大环境之下，明星直播的优势逐渐显示出来。

由于直播的门槛非常低,因此才造就了草根和明星能够"同台"直播的局面。虽然站在直播平台的角度,草根出身的网红能够带来更多的效益,但是站在企业营销的角度,明星直播反而能为企业带来更大的价值。由于直播的随意性和真实性,让众多明星的粉丝可以通过直播看到明星们不为人知的一面,因此明星直播时常会在互联网中掀起巨大的流量浪潮。企业只要能够抓住机会,利用明星直播塑造企业形象的同时借势明星,就能让直播营销为企业带来更大的市场流量。

**2.明星直播的正确方式**

虽然许多企业已经在使用明星直播,然而并不是每个企业都能达到预期的效果。从企业获得的流量市场来看,哪怕是使用同样的移动直播平台,不同的明星、不同的直播方式都会为企业带来不同的效果。哪怕人气相当高的明星,直播方式的不同都会带来相距甚远的流量效应,这种流量效应甚至能打破明星原本具有的名气。因此,正确的明星直播方式才是企业直播成功的重点,只有正确的明星直播方式才能成为企业直播营销的必杀技。所以,企业在利用明星直播的时候一定要注意以下几点:

(1)明星与企业气质相似

不同的企业拥有不同的文化,不同的直播平台有不同的直播风格,不同的明星也有不同的气场。只有明星的气质能够贴近企业,才会为直播受众带来深刻的产品信息传播。企业利用明星直播就是为了把明星的粉丝变成直播受众,并且通过明星在直播中的互动来满足粉丝。因此,只有明星与企业的气质相符,粉丝的属性才能够与企业的文化同步,成为直播的受众,最终让直播受众转化成企业的营销市场。

(2)明星与直播平台气质相似

明星直播对于直播平台来说存在一定的风险。由于现在直播平台的情况本身就非常混乱,再加上不少明星身上都背负了不同程度的负面新闻,这些负面新闻也会为直播带来不好的影响。而且不同年龄段、不同领域的明星都有各自的优势，只有通过直播平台突出明星的优点，避免暴露其缺点，才能让明星直播带来真正的正面效应。因此，明星与直播平台一定要有相似的气质。

与直播平台气质相似的明星，能为企业带来正确的营销内容定位，从而促使明星成为直播平台中的闪光点。不仅明星的粉丝会被直播吸引，直播平台中的其他受众也会被明星直播吸引。

比如2016年TFBOYS在美拍上进行的四场直播，每场都引起了惊人的流量效应，不仅受到国内媒体的关注，甚至还引发国外媒体的热烈讨论。根据美拍公布的TFBOYS直播大数据图显示，仅是三人参与发起的相关话题活动，话题阅读量就超过30亿次，全网累计播放量已逾14亿次。

TFBOYS的直播之所以能如此成功，一个重要的原因就是以"小鲜肉"为主打的TFBOYS与美拍直播平台完全契合。因为，美拍的主要用户就是年轻的00后，而TFBOYS此类新生代的偶像明星的粉丝群也集中在00后上，并且TFBOYS"小鲜肉"的明星形象与00后直播受众的品位完全符合，同时还与直播受众完美契合。在明星与直播平台相似的气质之下，产生了刷新整个直播行业的流量效应记录。

图6-1　TFBOYS美拍直播回顾

TFBOYS这场惊动世界的直播，不仅刷新了直播行业的流量纪录，而且引发了一场声势浩大的粉丝效应。时至今日，在这场直播的引导之下，美拍的用户还在持续增长。因此，利用与直播平台气质相似的明星，才能为直播营销带来海量流量提供可靠的基础。

（3）注重明星与观众的互动

互动是明星直播的重点环节，观众之所以不在电视中看明星表演，反而倾向于舞台更小的直播，最重要的原因就是直播可以满足粉丝与明星互动的要求。"互动"是一种重要的社交方式，哪怕是草根的直播，也会非常注重在直播的过程中与观众进行互动。因此，明星直播更应该抛弃平时"高冷"的面具，将自己融入粉丝群体中，让明星与粉丝处于平等的位置上进行互动。只有在这种平等的互动活动中，明星才能随机发挥，创造粉丝更喜欢更新颖的内容。而创新的内容才能吸引更多的观众，进而让明星直播实现流量的最大化。

借势明星已经成为大多数企业直播营销的重要方式之一。要使这种营销方式能够在市场中脱颖而出，就必须选择与企业气质、直播平台气质相符的明星，并且在直播内容上肯花费精力，让明星尽可能地与观众互动。虽然借势明星需要企业花费大量的成本，但是只要企业紧扣明星直播的主题，避免同质化的内容，就可以让明星直播成为企业营销最锋利的武器。

# 产品为王，引爆交易型消费

在移动互联网的时代，营销的主动权早已从企业转移到消费者的手中，因此企业根据消费者的需求进行生产已经成为一种主流。再加上直播的出现，改变了互联网信息的传播方式，使交易双方的信息更加透明化，以至于消费者对产品的要求更加严格。面对这种苛刻的营销环境，如果企业能拿出质量优秀的产品，则能在直播营销中占据最有利的地位。

### 1.如何做到"产品为王"

直播营销虽然在这个时代占据了许多优势，但还是无法避免各个企业之间市场竞争的局面。企业为了在竞争中占据有利的地位，就必须拿出自己的优势，而企业所有的优势最终都会归结到产品的优势上，因此"产品为王"已经成为目前营销的侧重点。

优质的产品是企业与消费者间的黏合剂，消费者会在优质产品带来的良好用户体验之下，对企业产生强烈的信赖感。所以，企业在进行生产活动的时候，为了产出满足消费者的优质产品，要注意以下两点：

第一，企业要与消费者建立平等的社交关系。由于企业与消费者关系的变化，消费者成为判断产品优劣的"裁判"。企业与消费者的关系不同以往，过去企业和消费者的关系是一种垂直关系，企业站在顶层向消费者传达产品信息。但是现在的企业和消费者的关系平等，企业的信息可以通过互联网一次性传播给所有的消费者。在这种平等的关系之下，消费者不仅可以了解产品的信息,还可以了解企业内部的研发、生产信息,甚至可以分别从线上、线下的各种渠道购买产品。因为消费者对产品的选择变得多元化,曾经的"渠道为王""链接为王""广告为王"等营销战略已经不复存在。面对这种营销格局的转变,许多企业开始寻找新的出路。其中,"品牌为王"的营销玩法已经被少数大型企业反复利用,但是以品牌来进行营销迟早会有消耗殆尽的一天。所以对所有的企业来说,"产品为王"才是企业营销的根本。而为了生产出可以满足消费者需求的优质产品,企业必须尽可能贴近消费者,通过与消费者建立良好的社交关系,了解消费者的心理,才能生产出被消费者判定为"王"的产品。

第二,企业要注重产品的售后服务。生产质量上乘的产品是大多数企业都能做到的,但是在售后方面,能够为消费者带来良好客户体验的企业却非常少。优质的产品不仅要能满足消费者的需求,而且要拥有绝对良好的售后服务。实际上,售后服务不仅是单纯的产品售后跟进、维护,而且是维护企业消费者的有力武器。优质的售后服务会激发消费者的感情,让消费者心理更加满足,促使消费者成为企业的长期客户。但是多数企业在吸纳新消费者的时候,经常容易忘记维护以前的消费者。这样做的后果就是:虽然每次营销活动都可以吸纳大批消费者,但是结果整体的销售量却没有大的增长。因此,售后服务也是优质产品中不可缺少的部分。

在"产品为王"的营销时代,不仅要注重产品的质量,产品的售后服务也同样被划分在产品的内容之中。企业要想把产品当作市场竞争的优势,这两点都必须同时满足消费者。

**2.直播营销+产品为王**

在"产品为王"的理念之下,产品的优势不仅可以成为企业营销的利器,而且能够成为直播营销的必杀技。将直播营销的优势与产品的优势相结合,以产品的优势为直播的核心内容,为直播受众带来全新的娱乐享受

**直播营销：** 重新定义营销新路径

与产品体验，进而在直播平台上引爆交易型消费，促使产品的销量大幅度提升。

以"产品为王"为内容特色的直播营销最为成功的例子，就是小米在bilibili直播平台上的"小米MAX超耐久无聊待机"直播活动。一般的直播内容大多数以网络主播的活动为主，这些直播内容全程都要依靠"人"来支撑。但是"小米MAX超耐久无聊待机"直播全程的内容，只有一间充满"二次元"风格的小房间和一部待机息屏的手机。小米这场直播可谓是把"无聊"这个主题贯彻到底，在超过数十天的直播中没有任何"人"出现在直播画面中，但是这种"无聊"的直播却吸引了超过3950万用户观看，弹幕数量达到3亿条。

小米此次的直播营销算是市场中极具创新、极具风险的一次营销活动。"无聊"直播没有任何鲜明的主题、没有突出的目的，观众甚至不知道这场直播什么时候能结束，因为只有小米手机没电自动关机，直播才会马上中断。直播唯一的主角"小米MAX"手机也只是被插上SIM卡、连接4G网络后被静止在画面中，唯一的"活动"就是被每小时点亮屏幕一次，用来确认手机是否有电。

实际上，这场"无聊"直播中的"无聊"内容不仅包含了正在待机的小米MAX。在"无聊待机"的期间，小米策划团队还让bilibili直播平台随机安排各自主播，在直播平台上做各自"无聊"的事情，比如吃饭、打游戏、扎帐篷睡觉等。这些"网红"的登场，使"无聊"直播的观众陆续攀升。然而最吸引观众的并不是这些"网红"，而是小米事先设立的奖励机制：第一天12：00—24：00每小时准点抽奖送出一台小米MAX；第二天相同时段每小时送出两台，第三天每小时三台……依此类推，手机的续航天数愈长，就意味着每小时送出的手机愈多，因此这种奖励机制有效地留住了"无聊"直播的观众。

　　小米的"无聊"直播就是典型的"产品为王"直播营销，小米MAX的"超长待机"成为整场活动唯一持续的理由。这种以整场直播为代价，只为突出产品的某样特性的营销活动，可谓是直播营销的一次大胆的创新，甚至在所有营销案例中都很难找到类似的活动。但是这种舍弃了其他直播营销影响因素，以突出产品为主的直播营销，确实让观众感受到了"有趣"。

　　因此，即使是简单地突出产品，只要直播能够有创意地体现产品的优势，让直播受众感受到娱乐性的内容，哪怕直播内容极其"无聊"，也能够引起消费者的关注，进而引爆交易型消费。

## 预热与互动：撬动粉丝参与

专业的营销人员都知道，企业在进行营销活动之前都要进行预热。只有通过预热活动，提前带动消费者的热情，才能让营销活动在开始的时候就抢先吸引流量。因此预热在营销活动中占据了极其重要的地位，即使是当下最新的直播营销也不能省略预热的步骤。

既然任何企业都无法忽略营销前的预热，那么在直播营销的浪潮中，就可以借助直播的互动性与预热活动相结合，以此来带动粉丝的热情。也就是说，在营销活动开展之前，进行强力的预热和互动，进而撬动粉丝积极参与到营销活动之中。

### 1.预热的作用

营销活动的预热需要企业花费大量的资金和精力，可能比营销活动的执行还要复杂。企业几个小时的营销活动的背后，可能需要做长达数十天甚至几个月的预热。但是，预热活动是企业营销的必经之路，效果好的预热可以为营销带来以下三方面的作用：

（1）预告作用

预告是所有预热活动最直白的作用，即告诉消费者营销活动开展的时间、地点等基本信息。消费者是营销活动的执行对象，营销获得消费者或者让消费者自己找上门的唯一途径就是预热。正是因为预热提前将企业营销的部分信息传播出去，消费者才能知道这场营销活动的存在，并且了解它即将在何时、何地举办。让消费者清楚营销活动举办的时间、地点，是消费者参与营销活动的基本。

（2）预计作用

企业通过预热，不仅可以告诉消费者营销活动的时间、地点，而且可以提前告诉消费者营销活动中的亮点，比如新产品的部分信息、邀请的明星嘉宾等。将营销活动最大的亮点放到预热中，在市场中进行"曝光"，借此引发营销活动前消费者讨论的热潮。企业可以根据消费者反映的情况，预计营销活动执行的过程中可以带来的流量。

（3）营造氛围

营销活动的氛围不仅仅局限在活动执行的过程中，在活动开展之前也需要营造一些氛围。为了让企业的营销活动在未举办前就显得有"人气"，就必须通过预热来营造能够点燃消费者热情的氛围。"爱热闹"是大多数人的天性，当预热营造出火热的氛围时，自然就会吸引更多的消费者关注企业的营销活动，为营销活动的流量来源奠定了一定的基础。

**2.预热的渠道**

效果不好的预热，可能会影响消费者对接下来营销活动的判断，直接让消费者失去兴致。但是，效果良好的营销预热，不仅可以让更多的人参与到企业的营销之中，甚至还能够提前引爆产品的销售量。因此，企业一定要采取正确的预热渠道，在直播营销开展之前发挥出预热的真正作用。

（1）企业内部的预热渠道

企业内部的预热渠道包括企业的官方网站、官方微博、官方微信等。这些内部渠道是企业的天然资源，企业可以在直播营销开展之前，利用这些天然资源进行预热。官网预热可以将预热信息放到官方网站的首页banner图上，制作相关的专题推送到官网首页等；官方微博预热可以在微博上发布相关的话题，对此感兴趣的关注者自然会进行讨论和转发；官方微信可以在公众号上发布相关的内容，无论是图文的形式还是短视频的形式，只要内容有趣新颖并且能够表达企业想要传播的信息即可。

内部的预热渠道主要针对的是企业的忠实客户。这些客户已经对企业有了初步的了解，并且关注了企业的官方网站、官方微博、官方微信等，当他们从这些渠道上看到有趣的内容，就会自主进行二次传播，进而让更多的消费者知道企业的营销活动信息。因此，内部渠道是企业将消息传达给老客户的重要方式，企业一定要重视内部渠道的预热。

（2）企业外部的预热渠道

企业外部的预热渠道主要分为需要付费的推广、合作互推的友情链接、自媒体以及各大社交平台的信息发布等。所谓的付费推广，就是指百度、微博等平台上都有专门的广告位，企业在预热的时候可以根据自身情况购买这些广告位，放上预热的内容；友情链接则是利用互换的方式，与相关企业利用微博、微信公众号等互相推送对方的内容，进而达到双赢的效果；利用自媒体以及社交平台预热，就是指企业可以在百度贴吧、知乎、豆瓣、简书等平台上发布相应的预热信息，这些平台相对来说花费的资金成本会比较少，但是需要人力成本进行维护。

实际上，企业的外部预热渠道不止以上三种，企业可以根据自身的情况在外部渠道方面不断地挖掘，并且伴随科技的发展，互联网中还会出现更多的相关渠道。但是，企业在利用外部渠道进行预热的时候，时常要花费大量成本，所以企业一定要多在外部渠道上斟酌考量。有些本身就积累了大量流量资源的外部渠道，确实可以为企业带来相应的预热效果。但是，也有一些预热渠道因为平台的限制，导致预热效果并不明显。因此，企业必须结合自身的条件以及营销活动的战略，选择正确的外部渠道进行预热。

3.预热与互动

在直播营销中，直播已经能够为企业和消费者带来良好的互动感，如

## 第六章
### 兵法修炼：直播营销的必杀技

果没有预热这个大前提，哪怕直播的互动感非常强烈，也无法达到企业预期的效果。因为企业在直播营销前的预热，实质上就是为了与消费者提前建立联系，所以预热在企业与消费者的互动中起着重要作用。当消费者从各个渠道上看到企业预热的直播内容，并且对内容产生兴趣的时候，就会主动去关注企业接下来的直播活动。因此，预热与互动在直播营销中不能分离，企业只有利用预热为直播营销做铺垫，才能达到最佳的互动效果。

比如，吴尊通过直播帮惠氏创造了120万元的奶粉销售量。看似庞大的数据背后，惠氏企业做了许多预热活动。比如，在淘宝首页上挂上吴尊直播的广告、惠氏官方微博发布了相应的宣传话题等。通过这些预热活动，惠氏不仅吸纳了一批流量，而且提前收集到许多粉丝想要对吴尊提问的问题，为吴尊在直播中能够与粉丝建立良好的互动奠定了基础。

图6-2　吴尊为惠氏奶粉直播的淘宝预告

直播营销产生的效益不可估量，站在销售量的角度，如果邀请吴尊拍一则广告可能都不会带来120万元的销售量，但是直播营销就可以轻易做到。在看似简单的直播背后，企业也付出了相应的预热"代价"，无论是购买广告位还是在微博上发表话题，都需要消耗企业的成本。但是，正因为企业在预热上花费了大量精力，直播营销才能为企业带来超乎想象的结果。因此，只有精心设计的预热互动，才能成为企业引爆直播流量的强力必杀技之一。

**直播营销：** 重新定义营销新路径

# 专业化导向，讲出硬道理

互联网时代直播技术的不断完善，为企业直播营销的升级提供了支持。但是在不断完善的技术支持下，企业自身也要对直播的内容进行适当的调整。未来直播营销对娱乐的消耗最终也会达到一个极限，在观众看腻娱乐性内容之后，更专业化的内容将成为消费者追求的另一个目标。因此，企业在进行直播营销的时候，不仅要满足观众对娱乐性内容的追求，而且要满足消费者对专业性内容的需求。

**1.专业化导向的定义**

所谓的专业化导向，就是在直播中为观众提供相应的专业化内容，并对观众进行专业化的定向引导，让观众能够根据自己的需求获得自己想要的产品或者服务。

目前，国内大部分企业还把直播营销停留在单纯的娱乐阶段。比如现在多数企业进行的直播营销，还是以网红和明星的表演为主体内容，以此来提高产品的销量。但是，消费者购买产品的目的，是因为产品能够在心理或者生理上满足他们。因此，企业直播营销必须在直播的过程中，阐述产品的功能和意义，让消费者相信产品确实能够带来满足感。建立消费者信任的最佳方式，就是在直播中适当穿插专业化导向，让主播或者嘉宾以专业化的道理打动消费者。

## 2.如何做到专业化导向

直播营销中专业化的导向不仅可以戳中未来消费者的痛点，还是许多投资者的重点关注对象。无论是企业还是直播平台，在直播的过程中都要从以下几点为观众做好专业化的导向。

（1）专业的主播

大多数企业在直播中都无法摆脱许多靠卖才艺、卖颜值、卖吃相赚钱的主播。这种以个人活动为直播内容主体的形式，已经在多数直播受众中形成了固定印象。在直播内容娱乐泛滥的市场中，如果企业能利用更专业的主播，将会给直播营销带来意想不到的效果。专业化的内容需要专业化的人士，但是目前大多数直播平台都没有足够专业的主播，即使依靠明星来直播营销，这些明星也不一定具备专业的知识储备。因此，专业内容的导向在企业直播营销中常常难以实施，但是也并非无计可施。

比如，小米CEO雷军的直播，雷军就是利用自己专业知识的储备为观众做专业性的回答；Angelababy为美宝莲直播，因为作为明星一定要具备化妆的知识，所以在向观众演示化妆品使用方法时会显得非常专业；吴尊参与到惠氏奶粉的直播中，正因为粉丝们都知道吴尊已为人父，具备一定的育儿知识，再加上吴尊的女儿使用的也是同款奶粉，所以吴尊可以为粉丝在奶粉的选购中提供专业化的意见。

由此可见，专业化的内容不一定是由某个领域非常杰出的人物所带来的，但是专业化的内容一定是由观众"认可"的人带来的。企业在直播营销中加入专业化内容时，所有观众必须认可主播是"专业"的。只要观众"认可"主播的专业性，那么企业的直播营销也就拥有了"专业"的主播。

### （2）专业的内容

内容是当下各大企业在直播营销中的创新点，优质与否的内容不仅决定了直播平台的生死，还决定了企业营销的胜负。在直播营销的专业化导向中，专业内容相对于娱乐内容来说更难创新，但是专业内容对观众来说更有说服力。也就是说，如果企业能够在满足观众娱乐需求的同时，为观众做出专业的解答，那么直播营销的内容将会得到一次重大的质量提升。

### （3）专业的平台

专业的平台是企业直播营销最容易实现的，同时也是企业专业化导向限制最大的关键点。任何企业都能够清楚地了解自家产品的性质，知道应该选择什么样的直播平台。但是现在多数直播平台都倾向娱乐化，导致很多高科技产品很难在娱乐化的直播平台上获得相应的营销成果。当这些包含浓厚技术成分的产品想要选择专业的直播平台时，就要使自己直播的内容以创新的形式靠近娱乐，并根据创新的娱乐内容挑选相应的平台。

在同时实现主播、内容、平台的专业化之后，企业的直播营销才算是真正专业化。专业就是硬道理，专业产生信任。如果观众觉得企业在直播中阐述的道理是正确的，就会产生信任感，并会在信任感的促使下对企业的产品产生购买的欲望。在长久的直播专业导向之下，观众的购买欲望会演变成对产品的依赖。所以，直播营销专业化导向，最终会为企业带来长久而稳定的市场和收益。

# 第六章
## 兵法修炼：直播营销的必杀技

# 场景化引导，提升消费体验

移动互联网的发展，促使消费者的购买从"传统化"走向"碎片化"、从"线下"走向"线上"、从PC端走向移动端。此时，购物已经变得更加便捷，即使足不出户消费者也可以购买到想要的产品。在这个购物越来越便捷的时代，消费者进行消费的理由不再局限于单纯地满足生理需求，还要追寻更加高端的个性化体验。目前，能够给消费者带来最好用户体验的就是直播营销，而场景化则正在融入直播。企业为了在直播营销方面进一步提升消费者的消费体验，就要在直播的基础上为消费者进行场景化的引导。

### 1.场景化：直播营销的聚焦点

直播营销本身就是移动互联网之下人们追求场景化体验的产物，因此更真实的场景化体验一直是直播营销的聚焦点。在飞速发展的社会之中，企业可以通过加强场景化体验，维持或加深消费者对品牌和产品的印象。

凡客诚品前副总裁、《罗辑思维》联合创始人吴声说过："缺乏场景感，没有故事的产品必死无疑。"当企业在营销的过程中缺乏场景化体验的时候，也就等于为企业自身宣判了死刑。因为场景不仅定义了产品的意义，还决定了企业的营销效果。不同的企业、不同的品牌、不同的产品都有不同的场景。如果失去了这些场景，就等于失去了故事，对消费者来说营销也会变得没有故事、没有内涵、没有意义，产品会变得默默无闻，甚至连品牌也变得黯淡无光。当企业失去产品和品牌的时候,最终会导致企业被湮没在社会发展的进程之中。因此,当企业在追随直播营销的潮流之时,必须要注重为消费者带来优质的场景化体验。当企业将场景化视为直播营销的聚焦点,并以此来提升消费者的场景体验时,就等于优先把握住了未来直播营销的关键,提前一步在互联网中吸纳了消费者带来的流量。

### 2.场景化引导的关键词

在直播营销的过程中,不同的场景会带来不同的收益效果。想要打造出完美的场景,并且为消费者做正确的场景化引导,就必须把握住以下几个场景化引导的重要关键词:

(1)个性化体验

个性化体验是场景化引导的首要任务,同时也是直播营销的重要卖点之一。无论企业的营销方式如何创新,体验永远是消费者第一接触以及最为关心的。传统的营销模式依据的是,由于消费者的生理需求占据了市场的主导,心理上的个性化需求一直被压抑着。但是,由于经济的发展,消费者生活水平的提高,消费者的个性化需求逐渐突出。因此,许多企业才会抓住这个机会开始销售"个性化定制"的产品。而直播营销为了能够在个性化的浪潮中占据有利的地位,企业就必须依据消费者的心理为直播营销制定个性化的内容和展示方式,进而为消费者带来个性化的体验。

(2)技术支持

技术是场景化引导的推动力。企业如果想为观众带来更好的场景化体验,就必须尽可能地利用先进的技术。

在直播3.0的时代,"直播+VR"的新型模式被提出。但是,"直播+VR"与现在一般的直播完全不同,需要更高级的设备和技术。VR需要进行全景拍摄,通过同步传感器将信息传给接受方。因此,这不仅需要信息的采集方具备前沿的设备，而且需要信息的接受方同样具备特制的"VR眼镜"。目前由于设备和技术的限制，还很难完全在直播中普及VR。但是，"直播+VR"给观众带来的3D场景体验，是其他任何"直播+"都很难做到的。因此，"直播+VR"必定会成为直播营销未来探索的一个重要方向。2017年4月，美国宇航局（NASA）与联合发射同盟（ULA）为大家展示了首场360°火箭发射VR直播。虽然这场直播由于缓冲和延迟的问题并不算太成功，但确实吸引了一大批观众。由此可见，VR确实是直播未来发展的大方向之一，并且"直播+VR"正在被多数人期待着。无论是直播平台，还是利用直播营销的企业，都会渴望利用VR技术让直播的场景体验变得更加立体、真实。

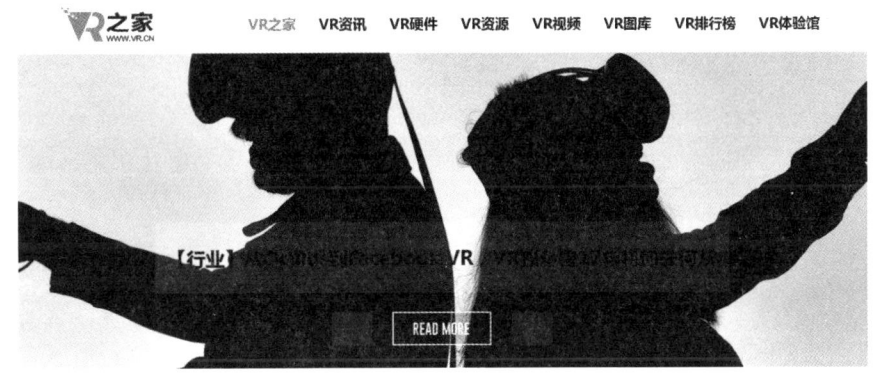

图6-3　国内最大的VR网站

（3）场景识别

现在大多数互联网商家利用的都是场景记忆的手段，让消费者形成购买的条件反射。但是场景记忆需要消费者不断地接触商品才能实现，对一些消费频率低的商品则很难做到让消费者形成条件反射。因此，场景化的引导应该从场景记忆转向场景识别。

目前，微信、Uber、大众点评等这类APP的盛行都是建立在场景识别的基础之上，通过不断地触发消费者的购买，进而获得了销售的成功。但是，这种拥有高频率消费的场景，毕竟只能适用于日常必需且价格不高的产品。对大多数企业来说，仅靠消费者购买还无法形成购买的条件反射。因此，企业必须在用户对产品的记忆快要消失的时候，通过外部刺激，加深消费者对产品的记忆，并通过营销的手段，引导消费者发现全新的场景。

场景识别在直播营销对消费者场景化引导中占据了主体，个性化体验和技术支持实际上都是为了服务场景识别。在以后直播领域垂直化的细分中，如果企业能够第一时间抢占场景化引导的技术，那么就会在直播营销中事先抢占大量的流量。因此，企业必须在维持目前优势的前提下，不断地在直播营销的场景化体验上进行突破，用最前沿的科技为消费者带来个性化的体验，创造完善的场景识别系统。

# 第六章
## 兵法修炼：直播营销的必杀技

# 让你的直播独一无二

企业的直播与普通的直播不同，因为企业直播必须带有强大的营销功能。企业的直播必须在具备秀场直播功能的同时，能够展出与秀场完全不同、独一无二的内容。但是，目前大多数直播都是以主播卖颜值、卖才艺为主，甚至大多数人已经认同了这些内容就是直播的主流。实际上，靠主播卖颜值、卖才艺的直播内容，不过是直播1.0时代的基础。伴随着直播技术的发展和消费者需求的提升，在这个直播营销成为潮流的时代，只有让企业直播成为独一无二的存在，才能让企业在互联网市场中长久生存下去。

在目前情况下，让企业直播变成独一无二的存在，有三种办法：

**1.探索未被挖掘的市场**

直播不仅是一种社交方式，而且是一种消费者获取信息、企业满足消费者需求的重要方式。因此，现在大多数直播营销都是建立在原有的直播平台之上，然后对直播内容进行优化。但是，这种建立于传统直播平台上的直播营销，在不断地重复利用原有直播市场资源的过程中，逐步将直播内容的资源彻底挖空，导致原有的直播市场内容资源逐渐枯竭，消费者也很难得到满足。在这种资源快要枯竭的情况下，无论是直播平台还是利用直播营销的企业，都需要去探索未被挖掘的市场，并在新的市场中创造新的内容。

**直播营销：** 重新定义营销新路径

2016年10月11日，跨境教育服务平台"学无国界"与斗鱼直播平台达成合作。在此次合作中，斗鱼将招募在国外的留学生并将他们培养成合适的主播，通过这些留学生主播向国内外展示留学生的生活方式。"学无国界"对此强调，国外主播主要是利用身处国外的优势和自身的人格魅力，如展示国外大学的学霸或者学联主席的生活方式，或者展示这些主播参加国外社交酒会的体验，其实这些内容都是"学无国界"的产品。

直播与教育的结合，就是企业营销直播在全新领域的探索。在娱乐泛滥的直播市场中，教育将会形成一种全新的直播内容资源带动企业的发展。当然，探索全新的直播市场需要企业具备足够的胆量和耐心，不一定每次探索都能成功，但是每一次探索都会为下一次探索积累经验。企业在不断探索的过程中，最终会挖掘到可以吸引消费者眼球的全新资源。

**2.综合利用多种直播功能**

现在直播大多数都具备"打赏"、红包、投票、留言、弹幕等功能，企业在直播营销的过程中就可以灵活地运用这些功能，创造具有特色的直播内容，让直播营销变得独一无二。

综合利用这些直播功能，实际上就是为观众打造一个更好的互动方式。比如在直播间中设置聊天室，观众就可以通过聊天室的窗口与企业进行直接对话，还可以发送弹幕；企业可以在聊天室中与观众互动，将更多的观众引入到直播的活动中去。或者类似淘宝直播平台常用的发红包活动，可以将发红包、砸金蛋、大转盘等活动与直播平台结合，利用这些优惠活动促进消费者的消费。因此，企业可以通过综合利用各种直播功能，通过综合创新，为观众带来更好的互动体验，进而使直播形成独一无二的特色。

**3.把握直播的规范性**

把握直播的规范性，实际上是指企业在创造独一无二的直播过程中必

# 第六章
## 兵法修炼：直播营销的必杀技

须遵守的规定。现在很多企业或者直播平台，为了聚焦观众的目光，让直播内容与法律打擦边球。这种内容虽然暂时满足了观众的好奇心和心理欲望，但是伴随着相关政策的出台，这种"打擦边球"内容会逐渐变成直播规范以外的内容。因此，企业直播一定要建立在内容规范的基础上，让直播变成独一无二的存在。

1月13日是2017年春运第一天，凤凰网"风直播"策划的春运首日直播正式上线，从当天凌晨5点开始到1月15日晚8点左右结束。此次直播历时67个小时，三天两夜，行程4856公里，前方直播员每天工作超过15个小时，访问50余人次，共生产71条短视频、3场视频直播、284条图文消息、数千条热门评论。全平台累计观看用户510万，其中凤凰新闻客户端250万、一点资讯120万、凤凰网PC端140万，超过10万网友在留言区进行了实时互动。

图6-4 凤凰视频直播页面

因为这场直播，"风直播"团队获得了凤凰网总编辑奖。凤凰网总编辑邹明认为这是一场"令人十分感动"的直播，而且在业界引起很大反响，也引起北京铁路部门的重视，最重要的是得到了用户的肯定。他还表示："元年过后，厮杀才刚开始，过去直播行业有一些乱象，但我们认为今年将是价值回归的一年。所以，'风直播'的原创直播一定是精心策划的，比如此次春运直播。其次，引入的内容是经过严格筛选的，坚决淘汰伪PGC。有一个细节是，'风直播'的原创直播结束后，不会全程直接回放，因为这是一种简单粗暴、不负责任的方式。我们的回看视频一定是经过剪辑的，有长有短，用户自取。这也是对直播内容的二次开发。"

由此可见，规范化的直播是未来必走的重要道路。如果想要使独一无二的企业直播获得更长久的效应，就必须在规范的前提下寻求创新，在规范中变得独一无二。

# 第六章
## 兵法修炼：直播营销的必杀技

# 常规直播也要有秘密武器

在直播成为世界社交潮流的背后，映射着大量的同质化内容。吃饭、表演、玩游戏等是目前大多数直播平台共有的内容，名人、明星、网红是多数企业直播已经瞄准的直播"道具"。但是，伴随着直播的不断发展和完善，再富有创意的内容都会变得平庸，所有的新奇的模式都会回归于平常。企业要想在常规直播中获取营销的成功，就一定要具备一些直播的"秘密武器"。

**秘密武器一：把产品变成直播道具，让广告更加自然**

直播营销有时候也无法避免大多数营销中的套路，企业在营销过程中过多强调产品，容易让观众产生拒绝的心理。这种刻意的广告，甚至会让直播营销失去原本的优势，让观众难以接受直播的内容。因此，哪怕是常规的直播营销，也要避免这种情况出现。当企业想要强调产品的时候，就可以通过别的手段将产品变成直播的道具，使广告变得更加自然，提高观众对产品广告的接受度。

澳大利亚食品品牌Freedom Foods就将镜头对准厨房，邀请澳大利亚当地的美女健身达人，在天猫直播麦片不一样的吃法。翻炒、焖煮、起锅……美食达人穿着白色围裙，在厨房中有条不紊地忙活着，一道道色泽诱人的菜肴逐渐在镜头前完成。其实直播做菜，在大多数直播平台中都有相似的内容。但是，在这场直播中，这位美女健身达人为观众展示了各种各样的麦片吃法，让观众大呼惊奇。在很多人眼里，麦片就是用牛奶冲泡或者煮熟后食用，而在这位健身达人的手中，麦片可以和鸡蛋搭配做成一道炒菜，也可以和冰淇淋混在一起做成冷饮。各种新颖的吃法应接不暇，用户在评论中都纷纷留言："原来还可以这样玩。"

这种看似简单的直播，实际上将Freedom Foods的产品麦片道具化了。当健身达人在直播平台上利用麦片做出各种美味的食物时，观众自然会对主播使用的麦片感兴趣。因此，当企业能够把产品变成直播道具融入直播内容中，并且让观众丝毫看不出广告的痕迹时，哪怕是再普通不过的直播，也会带来很好的营销效果。

**秘密武器二：主播花式搞笑，让广告变成段子**

利用主播的花式表演来逗笑观众，实际上是一种非常常见的直播方式。但是，如果能让主播在逗笑观众的过程中，"毫无痕迹"地穿插产品的广告，让观众一边笑一边购买，就可以带来意想不到的销售量。

2016年，肯德基在天猫品牌日联合了"奇葩说"四大主播马薇薇、姜思达、肖骁、颜如晶，联合天猫、优酷、in、微博这四大直播平台，举办了一次"声势浩大"的脱口秀直播活动。肯德基此次直播活动分为三场：9月2日，马薇薇与姜思达进行第一场直播，已经赚足了眼球；9月4日，"国民少奶奶"肖骁与视炸鸡为生命的可爱宝贝颜如晶同框直播；9月6日，四人一起同场PK为

图6-5　肯德基脱口秀直播

自己代言的产品花式导购。

肯德基此次的直播利用了主播同台PK搞笑的方式，不仅刺激了主播更卖力地搞笑表演，而且让观众获得了极大的娱乐性。因此，肯德基"奇葩"直播才能赚得盆满钵满，不仅为肯德基旗舰店入驻天猫做足了宣传，而且通过直播中疯狂的福利发放，让观众"笑到飙泪，买到剁手"。肯德基通过观众线上消费电子商券的模式，把线上的流量引入线下实体店的消费中，弥补了直播营销线上与线下流量转化不足的特点，可谓是一次"一举多得"的直播营销活动。

因此，主播的搞笑与广告的紧密结合，也能为企业的直播营销带来质的飞跃。但是在把搞笑作为直播营销的秘密武器之前，一定要注意不能把广告与搞笑结合得太过刻意，否则只会适得其反。只有让直播中的笑点与广告完美融合，让观众无法察觉广告的影子，或者即使观众察觉到了直播中广告的成分也能欣然接受，那么广告也就等于成功地变成了直播内容中的搞笑"段子"。在主播不停地讲"段子"、制造笑点的过程中，产品的广告就会在不知不觉中深入到直播的受众心里。

**秘密武器三：聚焦精准人群，让直播更有感染力**

由于直播领域的垂直细分，未来直播营销也必定会在内容上更加细致。企业的直播营销想要在未来细分的领域中占领先机，就必须让直播在观众群体中更有感染力。也就是说，具备强大感染力的企业直播，可以引发观众的共鸣。当观众的心理与产品相呼应时，市场的销量自然就会一路飙升。

企业让直播营销具有感染力，除了要具备生动有趣的内容之外，最重要的是要有特定的人群。首先企业要确定产品的定位。对产品的定位是企业最基本的要求，所有的企业在生产之前都应该清楚了解自己的产品即将面对的消费者群体和竞争市场。其次企业要勾勒出消费者群体的轮廓,也就是说要大致分清楚消费者的主流,比如消费者的年龄层次、性别、地域等。最后企业要分析这些人群的需求,让直播营销的内容能够利用产品的特性,直击这些消费者的需求,使他们产生购买的欲望。

# 与其他营销平台形成传播闭环

所有的营销方式都包含了产品研发、信息传播、销售成交、售后服务这四个重要环节。但是目前大部分市场营销的核心都集中在销售成交上,因此导致多数企业都在试图让市场销售形成一个闭环,甚至为了销售而忽略信息传播的重要性。实际上,信息传播也是市场营销不可或缺的环节,直播营销就是通过强化信息的传播促使销售量得以提高的。

互联网中包含巨大信息传播力量的平台非常多,比如微博、微信、知乎等,而直播作为发展中的社交方式,仅占据了互联网信息传播平台的一小部分。即使直播天生具备强大的传播力,但是这种传播还不足以让信息在整个互联网中扩散。因此企业在利用直播营销的时候,为了进一步强化直播对信息的传播力量,就必须与其他的营销平台进行链接,形成信息传播的闭环。就目前情况来看,适用于多数企业直播的营销平台主要有两个,分别为新浪微博和微信。

**1.直播+微博**

微博实际上就是"微型博客"的简称,最早的全球著名的微博就是美国的"Twitter",而国内较大的微博平台是新浪微博,同时新浪微博也是中国大型社交平台之一。因此,在直播还没有成为热点之前,多数企业在开展营销活动之前,时常会优先选择在微博中提前发布信息或者在微博中以图文、短视频的形式进行营销"直播"。"微博+营销"作为盛行一时

**直播营销：** 重新定义营销新路径

并且至今还在产生巨大影响的营销方式，在信息传播上有着天然的优势。当企业在进行直播营销的时候，如果能够将直播与微博相结合，形成信息传播的闭环，就可以实现流量的双向引导。

然而"直播+微博"的闭环传播方式，在国内似乎存在着一定的限制，但是只要企业有足够的能力进行各方面的变通，这些限制因素也不会成为传播闭环中的阻碍。新浪微博作为国内较大的社交平台，多数企业都在垂涎新浪微博上的流量，如果能与新浪微博形成传播闭环，那么将会为企业圈住大量稳定的流量。但是，众所周知，一直播已经成为新浪微博的御用内嵌直播系统，表面上企业的直播营销似乎只能选定一直播这个直播平台，实际上并非如此。"直播+微博"的闭环传播方式，并不代表企业必须要用微博内嵌的直播系统，而是同时利用直播和微博进行双向的信息传播。

2015年，统一新品冷泡茶"小茗同学"上市。"小茗同学"作为统一集团深度差异化战略的重要步骤，营销任务显得非常艰巨。2017年统一集团决定采用"直播营销+校园比赛"的方式，将"小茗同学"这个品牌进一步深化。统一集团将"'小茗同学'校园直播大赛"定在2017年4月10日到2017年5月13日之间。但是在2017年3月的时候，统一集团就已经开始在微博上进行宣传，并且联合了各个大学的官方微博，借助学校的微博进行转发。

但是"小茗同学"在此次的校园直播大赛中，并没有为参赛选手选择指定的直播平台。所有的选手都可以根据自身的喜好和实力，选择任一直播平台，选手也可以在微博等平台上放上直播间的链接，进行自我宣传。当然，比赛设置了丰厚的奖励，让各个参与到活动中的主播更有动力，通过直播的方式吸纳更多的流量，并且为"小茗同学"创造了一个以95后为主力军的销售市场。

# 第六章
## 兵法修炼：直播营销的必杀技

图6-6　电子科技大学官方微博对"小茗同学"校园直播大赛的宣传

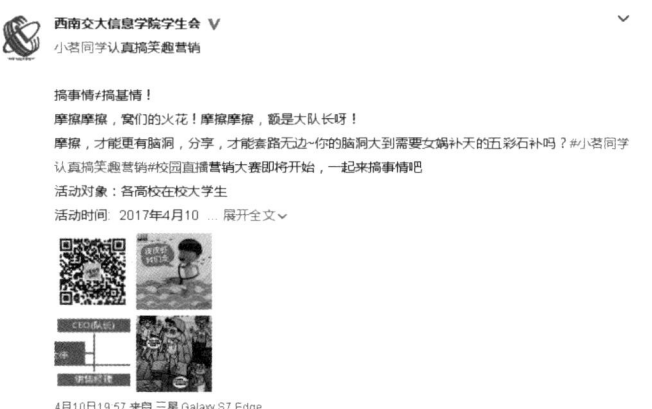

图6-7　西南交大信息学院微博对"小茗同学"校园直播大赛的宣传

微博提前为"小茗同学"的校园直播大赛做足了宣传，为企业的直播营销提前引进流量。同时，参赛的主播们又可以在各自的微博上设置直播间的入口链接，让更多的微博用户可以通过链接点入到直播间中。通过直播观看比赛的学生，会对比赛产生好奇和参与的想法，又可以通过直播平台回归到企业的官方微博中进行查询，并通过微博中文字信息指出的特定通道进行报名。这种方式就是最好的"直播+微博"的信息传播闭环模式，不仅没有指定直播平台的限制，而且让信息在其中不断地转载、传播，最终形成了一个信息传播的闭环。

**2.直播+微信**

微信是近些年在移动端迅速成长起来的社交APP，因此微信也承载了大量的流量。看中微信圈定的巨大流量，电商、支付、服务等众多项目都在陆续与微信进行结合。所以，如果在2016年的"百播大战"中，还不够成熟的信息传播方式——直播，进一步与已经成熟的微信相结合，就能够在移动端上形成完善的信息传播闭环。

现在许多直播平台已经拥有了相应的微信公众号，但是由于技术的限制，用户通过直播平台的公众号并不能直接进入直播间。因此，直播平台的公众号大多数都是以图文的形式，展现曾经直播过的内容或者部分人气主播的直播预告。但是2017年1月9日，"微信之父"张小龙在2017年微信公开课Pro上公开的微信小程序正式上线，为"直播+微信"带来转变的机会。所谓的"微信小程序"就是在省略下载和安装的情况下，通过微信扫码或者搜索就可以直接应用的相关的程序。也就是说，只要开发者在微信小程序中添加直播，那么微信将会成为各大企业直播营销的最佳传播点。

虽然相对于微博来说，微信会显得更加封闭，但是不能否认微信在社交圈中的重大作用。微信内部镶嵌直播功能，也是微信未来发展的必经之路。因此，当企业在进行直播营销的时候，提前在微信上做好准备，利用微信朋友圈、微信公众号的力量为直播进行宣传，将是未来直播营销信息传播的重要途径之一。而企业为了能够让"直播+微信"形成一个完美的传播闭环，就必须提前培养企业的微信公众号，让更多的人关注企业的公众号。然后，企业就可以通过公众号中的信息和链接，将流量引入直播间。

实际上，能够与企业直播形成传播闭环的平台不仅有微博、微信，优酷、知乎等社交平台，也能与企业直播进行链接，甚至各个直播平台之间也能够形成传播闭环。然而，不同的企业在进行直播的时候，要根据自身的品牌、产品以及营销的目的，选择一个或者多个合适的平台，与企业直播平台进行对接，进而达到形成传播闭环的目的。

**直播营销：**重新定义营销新路径

# 直播营销的变现密码

当下的直播市场确实一片繁荣，因为直播聚集了互联网上大多数的流量。然而，流量在营销中只能代表市场，而将这些流量变现则需要依靠不同的方式。企业则需要根据自己的需求，将这些变现方式与直播营销结合，进一步提高直播流量的变现率。

**1.现有的直播变现方式**

目前，在直播的发展过程中，已经积累了部分主流的变现方式。这些变现方式在企业直播营销中，都能够在一定程度上带来收益。

（1）"打赏"礼物

"打赏"礼物是目前最常用的变现方式，并且多数直播平台和主播都以观众的"打赏"为主要收入来源。从直播1.0时代的传统秀场开始，"打赏"礼物的变现方式就一直存在至今，并且这种方式会一直存在下去。

"打赏"礼物是观众积极参与直播活动的重要表现之一，同时主播也需要观众的直接"打赏"作为持续直播的动力。因此无论在任何时代，"打赏"都是直播过程中必不可少的重要成分。但是，伴随着科技的发展，直播设备也会不断升级，"打赏"的收益会逐渐无法支撑起直播设备的成本。再加上观众对直播内容的要求不断提升，能够满足观众的优质内容会越来越少，在这种情况下直播受众"打赏"的频率也会相对降低。因此，即使"打赏"礼物是直播不可缺少的变现方式，但是不会成为未来主流的变现方式。未来直播中,"打赏"礼物会更加侧重于对直播平台和主播的鼓励,而非主要收益来源。

(2)与电商结合

直播与电商结合进行线上销售即直接将产品贩卖出去,不仅是直播营销的重要方式之一,而且是目前效益最高的直播营销变现方式之一。商家通过线上的直播平台,在直播空间中放上产品的链接,进而让观众可以通过直播平台进行直接购买。这种直播营销的变现方式突破了直播依靠"打赏"变现的限制,让流量的价值得到了大幅度的提升,让企业的互联网营销市场与直播初步连接起来。

(3)增值服务

增值服务是目前直播营销变现方式中最为稀少的,由于技术设备的不成熟,一般在直播中能够为消费者实现的增值服务非常少,目前应用最多的增值服务有发送弹幕、VIP特权等。虽然增值服务能够在一定程度上实现变现,但是变现的力度相对于以上两种变现方式的力度来说效果一般,变现率甚至可以忽略不计。

随着技术的发展,直播的增值服务会越来越多,增值服务的变现率也会随之提高。虽然目前企业直播营销的增值服务更注重于观众的体验,但是当直播的技术支持积累到一定程度的时候,增值服务为直播营销带来的变现率也会不断攀升。

**2.未来的直播变现方式**

企业的营销方式伴随着社交平台的演变而进化,在直播统领的营销时代,直播营销也会随着直播技术的进步而发生变化。因此,当前主流的直播变现方式,在未来会逐渐被削弱。未来的直播营销,必定不会将变现的渠道集中在某一点,而是进行多方位的变现。也就是说,未来会出现更多直播变现的方式,并且企业从各种变现渠道中获取的收益会更加平均。

**直播营销：** 重新定义营销新路径

（1）广告投放

在直播中投放广告，实际上就类似电视中插播的广告。虽然互联网"百播大战"的局面还未结束，但是这场残酷的直播竞争背后必定会淘汰掉直播市场中大量的水分，最终留下被大多数观众接受的直播平台。当直播的内容越来越正规、观众在剩下的少数直播平台中大量聚集的时候，企业和商家必定会被流量吸引，然后出资让平台在直播的过程中放上广告。广告可以带有链接的形式，当观众对广告中的产品产生兴趣的时候就可以直接点击链接进行购买。

直播平台上的广告投放不仅让直播平台可以获得广告资金，还能够让企业"无界限"地吸纳消费者，让消费者在购买中实现流量变现。因为，此时的广告投放不需要产品和直播的内容绝对相符，也不需要企业进行创新将广告和直播内容完全融合。就像普通的电视广告一样，将企业的特色产品展示给消费者即可。因此，无界限地投放广告必定会成为未来直播营销变现的主流之一，并且这种变现方式会将企业的市场遍布于全球互联网。

（2）内容付费

当直播的内容在发展过程中变得越来越好、越来越能够满足观众的时候，就可以直接让观众为直播内容进行付费。虽然目前付费的直播内容非常少，而且在这些少量的付费直播中，大部分会让观众产生反感心理，但是，伴随着直播内容的创新、优化以及版权意识的加强，内容付费是未来直播发展的必经之路。

未来的直播平台已经不能单纯地视为社交平台，观众在平台上进行社交的过程中会不断地产生消费行为，而直播营销也会逐渐成为未来直播的主要目的之一。当观众对内容的需求越来越苛刻的时候，必定会出现针对直播内容开展营销活动的企业，而为了给观众带来优质的直播内容，企业可能需要提前准备非常久的时间。观众为企业直播内容付费，则完美地体现了企业直播内容的价值，是将内容变成流量变现的重要方式之一。

（3）与线下实体店结合

将线上的流量引入线下的实体店，是目前最难实现、未来最为重要的直播营销变现方式。虽然"直播+电商"可以让流量在线上进行直接购买，但是这些流量的变现都被局限于线上，给消费者带来的良好体验也非常有限。如果想为消费者带来最完美的体验，最好的方式就是想办法将流量引入线下的实体店中，让消费者在实体店内亲自体验。其实这种将流量引入线下实体店的变现方式现在已经出现了，比如肯德基旗舰店入驻天猫的时候，在天猫直播平台进行直播的过程中，一边直播一边发放电子优惠券，抢到优惠券的观众就可以直接去线下的实体店购买相应的产品。肯德基的这种直播营销变现方式，就是有效地将线上的流量引入线下，让消费者在线下消费实现流量变现。

不同的变现方式都会为直播营销带来不同的收益，因此未来直播营销的变现方式必定不会将重心偏向于某一点，而是多角度地结合各自的变现方式。通过多种变现渠道，将流量在线上和线下的变现效率尽可能地提升。

# 第七章 07 内功提升：让直播营销更有力量

"内涵"是可以吸引全人类的关键词，具备"内涵"的内容甚至可以引发全球的轰动。因此，为了让直播营销更有力量，就要从内部提升直播的整体"内涵"。不仅要优化直播的内容，而且要从直播的传播方式上，抓住各个环节的技巧，紧扣方方面面的细节，让直播营销变得更加完美。同时，企业在掌握技巧的同时，还要从自身着手，挖掘企业内部的直播资源，让企业与直播营销结合得更加紧密。

**直播营销：** 重新定义营销新路径

# 直播的形、声、演

直播可以让网络观众在不同的平台上，进行共同的话题交流。但是，这是建立在直播内容具有强大魅力的基础之上的。如果直播不具备引流的魅力，即使直播内容具有深刻的内涵，也不会有人为此展开讨论。因此，企业营销为了有效地利用直播的优势，就必须从直播的内部开始优化，让直播营销有足够强大的力量去吸引网络观众的眼球。企业在提升直播营销的力量之前，必须先知道直播的三要素，并根据这三要素提前为直播做整体的准备工作。

### 第一要素：形

直播的第一要素是"形"，主要指的是直播的形式。从直播1.0的时代开始，直播形式的主战场就是"个人秀"，直至今日多数新兴的直播平台依然会在"直播+个人秀"的基础上进行发展。但是，这种过分单一的形式的缺点逐渐暴露出来，无论是游戏直播、电商直播，还是旅游直播，大多数都是围绕着一名主播开展，导致直播内容同质化严重。再加上营销业界对"直播+"成功案例的不断模仿，任何"直播+"的形式都会在模仿中被大量消耗，最终无法激起网络用户的兴趣。所以，企业直播的形式要学会在综合各类"直播+"优点的基础之上，结合企业的文化、品牌的形象、产品的特点进行创新。也就是说，对于成功的"直播+"的营销形式可以模仿延续使用，但是一定要包含一定的创新。

# 第七章
## 内功提升：让直播营销更有力量

2016年4月7日，刘涛在电视剧《欢乐颂》杭州发布会上进行"个人直播"。刘涛不仅在直播的过程中和各位粉丝亲切地聊天，还邀请了《欢乐颂》其他演员共同出镜与观众互动。这场看似简单的明星直播，引来了70万的观众，将明星的粉丝完美地引导为电视剧《欢乐颂》的观众。

这种直播营销的形式看似简单，实际上却暗藏"玄机"。《欢乐颂》利用"直播+明星"的直播方式，并没有笼统地让某一位明星为主角进行直播，也没有采用多位明星同时担当主播的方式。而是以刘涛这位《欢乐颂》女主角为核心，让其他的明星成为直播的辅助角色在直播中陆续登场，进而为直播观众带来了许多"惊喜"。

**第二要素：声**

直播的画面虽然会给观众带来直观的感觉，但实际上"声"才是直播最能感染观众的要素。而直播的"声"除了指主播的声音之外，还包含了背景音、特效音等一切在直播中出现的声音。在直播还未发展之前，电视节目还很流行的时候，每场大型电视节目在策划的时候，都会着重测试声音设备。在电视节目中还要利用各种技术手段，打造出极具感染力的声音效果。因此，为了让直播营销更能影响观众，就必须让直播的声音能够优先感染观众。

影响直播之"声"的因素有三个方面。第一，是采集端的设备，也就是主播使用的设备。主播的设备时常会影响直播的感受，主播的声音设备差则会导致声音直接失真，甚至出现电磁干扰的现象。但是，某些主播也会为了直播的需求，刻意采用变声器改变自己的声音。改变声音的前提是提高直播的感染力，不会为直播带来负面影响。如果是因为主播设备的问题而改变，则会让观众反感。第二，直播的声音的质量还与带宽有关。众所周知，直播需要占用大量带宽，带宽不仅会影响直播的画质，还会影响直播的音质。但是由于带宽资源的限制，大多数直播平台能够利用的带宽都是有限的，导致企业基本无法从带宽方面提升直播的音质。第三，直播受众的设备。受众的设备是企业无法改变的因素，但是这个因素确实影响着受众对直播音质的评价，因此企业的直播必须要使大多数受众的设备都可以接受，而不是只能受用于少量拥有高级设备的群众。

根据影响直播之"声"的三个因素可以看出，企业直播唯一能够改进的就是采集端的设备。企业可以通过提供优良的声音采集端设备来配合直播的带宽，并且让采集的音源能够在大多数直播受众的普通设备上进行播放。同时，高配的采集设备，也能使直播中所有出现的声音更有感染力，为直播受众带来良好的听觉体验。

**第三要素：演**

"演"是直播营销带给观众的视觉冲击，不仅包含了所有参与直播活动的主播和嘉宾的表演能力，而且包含了直播画面的构图、特效等。由于直播门槛低，只要有智能手机，人人都可以直播，所以大多数主播在直播的时候都会把自己视为"焦点"，让摄像机一直对准自己，从不切换画面。其实这种形式来源于传统的直播秀场，在当下的企业直播中并不实用。企业的直播必定与传统秀场直播不同，必定要包含"营销员"、产品等因素，因此时常要做适当的画面特效或者适当地切换画面。

企业在不断的画面切换中为观众带来不同的内容，进而让观众能够沉浸于企业直播的画面之中。而企业直播通过"演"，让画面切换不仅指的是镜头的切换，而且可以指内容的切换。比如小米在超长待机的直播中，看似画面一直没有动过，但是直播中还是让bilibili直播平台请来各色主播进行表演。在不同主播的卖力表演中，小米的超长待机直播就等于实现了画面切换。虽然小米直播的摄像头并没有做任何移动，但是画面内容的改变也就等于直播在"演"上为观众带来了视觉体验。

因此,企业的直播营销要综合抓住直播的形、声、演,在多方面提高直播的质量,进而让直播营销在互联网市场中具有更大的影响力。

# 直播中的主持技巧

虽然多数直播平台对主播的要求并不高,基本上只要具备一定的颜值,都会被平台捧上首页。但是,企业直播中的主播不仅要具备颜值,而且要拥有以下直播技巧。

## 1.包装技巧

包装是企业直播的主播必不可少的经历,但是包装也有特定的技巧。包装精致的主播,往往能够在第一时间吸引观众的眼球。目前,主播的包装主要体现在两个方面:

第一,主播自身的形象。

主播的颜值是直播受众可以第一眼看到的直播内容,因此美女主播、帅哥主播才会在直播平台上泛滥,这些美女、帅哥在直播前都会在妆容上特别打扮。毕竟颜值高的主播,能够在观众看"第一眼"的时候就吸引他们的目光。但是主播自身的形象不仅包含了"颜值",还包含了主播自身的气质。单纯的颜值也只能留住观众的"第一眼",气质才是主播能长久留住观众的绝佳武器。拥有强大亲和力的主播,甚至可以弥补颜值的不足。因此,主播一定要在直播中多与观众互动,尽量使自己看上去更加有亲和力,尽量避免与观众产生摩擦。

第二,直播间的布置。

直播间的布置实际上也非常讲究,哪怕是一些纯属"个人娱乐"的私人直播,也会把直播间布置得非常精致、温馨,让观众第一眼看上去就会觉得很舒服。企业直播的直播间布置要求会更加苛刻,不仅要精致、温馨,而且要比私人直播间更加大方、有格调,最好能够体现出企业的文化。并且,直播摄像头的角度也会影响直播间布置的效果,因此企业直播的时候要根据直播间和主播的位置,选择最合适的镜头摆放位置。

主播形象和直播间布置的精心包装,是直播为观众带来最佳视觉体验的基础。企业的直播营销不仅要在主持人的形象上战胜对手,外在的直播环境同样也要压倒竞争者。

### 2.随机应变的技巧

随机应变是多数电视台主持人都要具备的技能。拥有良好随机应变能力的主持人,能够避免电视直播中的尴尬场景。比如,湖南电视台的主持人汪涵,就在综艺节目《我是歌手》的直播中凭借自身随机应变的能力,巧妙地解决了孙楠突然宣布退出的"综艺黑色七分钟"事件。由此可见,随机应变是一位优秀的主持人必备的重要素质之一。即使直播对大多数人来说并不算正规的节目,多数直播的设备条件、节目档次无法与电视节目相媲美。但是直播中的主播实际上也属于主持人的范畴,因此主播也应该具备随机应变的能力。但是由于直播门槛低,导致多数主播都忽略了随机应变的重要性,如果直播过程中出现意外,主播都很难凭借自身实力救场。比如小米无人机直播发布会的"坠机事件",在这种突发状况下,所有人都一片手忙脚乱,使一场吸引了百万观众的发布会被冠上了"失败"的名号。

### 3.即兴创作的技巧

即兴创作的技巧与随机应变的技巧相似,都是对主播个人能力的考验。大多数企业直播活动在举办之前,都会对直播营销进行完善的流程策划,详细的策划甚至会囊括主播在直播过程中与观众的互动细节。但是,在直播营销的流程策划之下,不代表主播完全没有机会发挥自身的主持实力。反而，即兴创作就是主播展现个人魅力的最佳机会。

主播在直播流程策划的基础上，进行有趣的即兴创作，能够避免直播中出现冷场的尴尬局面，会为直播观众带来意想不到的惊喜。同时，优秀的即兴创作甚至能为企业带来预期之外的流量，进而让主播的个人形象深入到企业的营销中，让观众爱上主播、爱上企业直播。

**4.沟通技巧**

直播的主播必须具备强大的沟通技巧。沟通是社交的本源，直播本身则是建立在社交的基础上，因此与观众进行良好的沟通是每位主播必备的技巧。直播主播的沟通技巧主要体现在三个方面：

第一，主播的口语。口头语言是人类进行沟通最常用的"工具"，因此主播在直播的时候一定要注意自己的语言，避免说出一些会"误伤"部分人群的话；主播的语气要柔和，避免过分犀利；语速要适中，不能太快也不能太慢。同时，在直播的时候最好多用一些感谢、亲近的语句，让观众从主播的语言上体会到主播的平易近人。

第二，主播的面部表情。新手主播最容易犯的错误就是面部表情僵硬。面部表情也是与观众进行沟通的"工具"之一。主播在主持的过程中，除了要保持微笑之外，还要适当地根据直播的内容使用其他表情。丰富多彩的表情，可以让直播观众体会到主播对直播、对观众的热情，可以让观众对主播和直播内容产生好感。

第三，主播的肢体语言。肢体语言就是主播的所有动作，包括走路的姿态、手势的变化、脑袋摆动的弧度等。这些细节动作看似与直播的内容关系不大，实际上却影响着主播的整体风格，只有在肢体上抓住细节动作，才能更好地与直播观众亲近。

企业直播由于比一般的直播更加规范，所以在直播技巧的要求上会更加严格。为了让企业直播更具有影响力，就必须在直播的技巧中抓住方方面面的细节，让企业直播比一般直播看上去更加高端、更有吸引力。

# 第七章
## 内功提升：让直播营销更有力量

# 直播内容的创意策划

有趣的直播内容，才是直播营销能够形成有效流量市场的关键。许多直播平台的"大公会"都有专门为主播"出谋划策"的人，这些人被称为"直播军师"。而这些"军师"的真面目，就是直播内容的创意策划者。他们为主播提供策划文案，让主播的直播内容变得更有创意、更有吸引观众的魅力。因此，企业直播更加需要一个专业的团队，为直播内容进行创意策划，让企业直播也能够更加有趣。

### 1.提升内容文化内涵

随着直播领域的细化，网络用户对直播内容质量的要求也在不断提高。单纯的高颜值和低俗的内容已经无法满足用户的心理，具有高质量、文化内涵深的直播内容，将成为未来直播用户接受的主流。但是，目前具有文化内涵的直播内容属于稀缺资源，在整个直播领域中，低俗化、同质化的内容依旧占领着大半流量市场。然而这种现象不会长久持续下去，伴随着直播技术的发展和人类文化素养的提升，直播用户会越来越倾向于有内涵、有深度的内容。因此，无论是采用直播营销的企业还是一般的直播平台，都要在直播内容的文化内涵上下一番功夫。直播不仅要为观众带来有趣的内容，还要提升直播的内容文化内涵，让直播显得更加有专业水准。

提升直播营销内容的文化内涵，不仅是为了提高直播整体的素质，还为了让企业直播的内容与企业的形象更加贴近。正因为直播能够为用户带来强大的直观感受，所以用户可以通过直播营销的内容，看到企业的形象、品牌的形象。低俗的直播内容会让用户在企业与"庸俗"之间画上等号，而具有文化内涵的直播内容则会让用户在企业与"高端"之间画上等号。大多数消费者在进行购买的时候，都会在自己的消费能力内尽可能选择"高端"产品，同时大多数消费者都会认为"高端"的产品源于"高端"的企业。因此，企业的直播营销必须为用户营造极具特色的文化氛围，并让用户能够感受到企业深厚的文化内涵。

### 2.建立健全内容引导机制

健全的内容引导机制是创意直播内容能够执行的基础，甚至决定了直播营销在法律中、社会道德中的"生死"。因此，在进行直播营销内容的创意策划之前，必须建立健全内容引导机制。在目前多数企业的直播营销中，建立健全内容引导机制主要分以下三步：

首先，要尊重原创内容，加强版权意识。版权维护将是未来互联网重点整治的内容之一，不仅是文字、图片、视频拥有版权，特殊的直播创新内容也会拥有版权。因此在进行直播内容的策划之时，绝对不能去抄袭其他的直播内容，尽可能地策划具有企业特色的原创内容。进行原创内容的策划，不仅尊重了别人的版权，而且维护了企业的道德，使互联网直播的营销市场更加和谐。

其次，即使是自己的原创内容，也不可反复使用。有创意内容的直播提高了企业营销的成功率，但是企业也不能因为某种创意内容引来一时的流量，就在接下来的营销活动中反复使用这种创意内容。创意是消耗品，伴随着每一次的重复使用，创意带来的效益都会逐渐减少，甚至会让观众认为企业在刻意炒作，进而对直播的内容产生反感。因此，直播营销在进行内容创意策划之前，一定要避免把曾经的创意拿出来多次使用。

最后，直播内容的创意策划，要积极配合政府的相关政策。由于目前

# 第七章
## 内功提升：让直播营销更有力量

直播监管机制的不完善，未来政府一定还会出台更多的直播监管政策来预防直播打法律擦边球的情况。因此，直播营销在进行内容策划之前，一定要注意在相关政策允许的范围内，同时不能为了吸纳流量，在内容上打"擦边球"。企业、直播平台和政府应该携手共进，共同维护直播市场中的监管秩序。

### 3.直播间的创意交互方式

直播内容的创意策划，不仅包含了直播营销想为观众展现的内容，而且包含了直播间观众的交互方式。所谓的"交互方式"，指的就是互联网中交流和互动的方式。直播平台中的交互方式，主要指的是观众"打赏"的方式、留言的方式、发送弹幕的方式等。创意交互不仅是直播创意内容的重要环节，也是直播营销带动用户活跃度的绝佳方法。

2016年5月4日，王宝强通过斗鱼直播平台，在新电影《大闹天竺》的片场进行首次直播。观众通过斗鱼直播平台，不仅能为王宝强送出具有"斗鱼特色"的鱼丸、鱼翅当礼物，还能送出有"大闹天竺"特色的印度飞饼、咖喱鱼丸、CUT板等特殊订制的"打赏"礼物。

图7-1 王宝强的斗鱼直播间

**直播营销：**重新定义营销新路径

王宝强通过斗鱼直播平台为新电影《大闹天竺》做宣传的时候，就采用了极具创意的互动方式。对斗鱼直播平台来说，可能只是改变了"打赏"礼物的外观和模式。但是对王宝强新电影的宣传来说，这种交互方式的变动，间接将电影的特色传达给观众，让直播观众对电影产生更多的期待。所以，创意的交互方式不仅为直播内容带来创意特色，而且能够将企业产品的特色通过交互为观众展现出来。

# 第七章
## 内功提升：让直播营销更有力量

# 直播营销游戏的创意策划

为了提高直播的趣味性、娱乐性，直播营销的过程可以像许多综艺节目那样，采用各种小游戏来提高观众互动的积极性。趣味性极高的小游戏不仅能成为直播引流的工具，而且能提高直播营销的流量变现率。因此，为直播营销提供游戏的创意策划，成为提高直播营销效率的有效手段。

### 1.产品融合游戏

有产品才能有营销，因此任何直播营销都少不了企业的相关产品。但是在直播中"自然"地展示产品，时常成为多数企业的难点之一。如果在企业直播中将产品变为主角，对产品优势过分刻意地"自夸"，时常会在一定程度上损坏直播为观众带来的用户体验。但是，如果反过来，将产品设置为"配角"，以游戏的方式间接展现产品的优势，将会为直播营销带来意想不到的收获。

实际上，产品融合游戏的创意策划并不简单，即使天生带有"游戏"优势的电竞领域，在游戏的创意策划上依然无法占据上风。现在多数电竞直播采用的方式都是主播玩游戏、观众看主播的玩法，觉得游戏好玩就去购买游戏的点卡、道具、金币等。虽然确实能够带来一定的营销收益，实质上却严重缺乏创意，而缺乏营销游戏创意的直播，最终会被过于泛滥的传统游戏模式所湮没。因此，产品融合游戏的策划重点在企业自身的创意上，通过打出创意游戏玩法的创意王牌，才能真正让产品融合游戏的策划，在直播营销中占据有利的市场地位。

### 2.老游戏新玩法

所有的创意都是有基础的，凭空想象出一个全新的直播游戏对大多数企业、直播平台、主播来说太过艰难。唯有在老游戏的基础上，创建全新的玩法，才是最简单、最有效的直播营销游戏创意策划。

比如，优酷直播室联合各大明星在2016年11月27日，首次推出的大型网络悬疑剧直播《胜利的游戏》。实际上，《胜利的游戏》就是建立在"狼人杀"基础上的典型的"老游戏新玩法"——优酷邀请了著名主持人张绍刚担任游戏中的"法官"，常驻嘉宾刘维、王思佳等人和飞行嘉宾王祖蓝、王宝强等明星为游戏中的"伪装者"和"追击者"。伪装者一次可以杀掉两名追击者，其他追击者则在现场通过技能卡、推理、找证据等，找出伪装者的真实身份。

优酷直播的《胜利的游戏》不仅延续了"狼人杀"游戏的特点，而且增加了明星与观众的互动机会。每一轮游戏的技能卡得主，都由观众投票决定。并且，观众还可以对伪装者的身份进行投票，而伪装者身份的投票将会在直播节目的最后进行揭露。

此次优酷的直播游戏，不仅以推理的模式挑战观众的智力和眼力，让观众积极参与到直播游戏活动中，而且利用了众多明星的演技，让众多观众与明星共同推理出"伪装者"的真实身份，向观众宣扬了"天网恢恢，疏而不漏"的正能量。这种借助老游戏的创意玩法，让优酷的直播游戏获得了巨大的成功。由此可见，直播营销游戏的策划，可以在老游戏的基础上创造出更多新奇的产物，将"旧物"进行创意"翻新"，同样也可以吸引网络中的流量。

### 3.游戏中的多种创意机制

在直播营销游戏中设置多种创意机制,是带动观众互动热情的重要手段之一。良好的游戏机制,可以促进观众参与直播活动的积极性,进而为直播营销打造一个良性的流量循环生态圈。因此,直播营销游戏应该尽可能多地利用多种机制,充分调动观众的参与度,进而让直播营销产生更大的流量效应。

(1)奖励机制

游戏的奖励机制往往是引爆观众热情的关键点。所谓的"奖励机制",就是让观看直播的观众和参与到直播游戏的观众都能获得奖励。比如红包、优惠券、物品、金钱等,都可以作为直播营销游戏的奖励。直播营销游戏的奖励不一定要非常丰厚,但是要尽量惠及大多数观众。比如,许多电商的直播营销会采用红包和优惠券作为游戏的奖励,在直播的过程中不定期在直播间发放金额不等的红包和优惠券,营造出"抢红包"的游戏氛围,观众抢到手的红包和优惠券就是参与到直播营销游戏中的奖励。对于这种直播营销的游戏来说,大额的红包和优惠券往往非常少,大多数红包和优惠券的金额都非常小,并且多数观众也清楚自己抢到大额红包和优惠券的概率非常低,但是观众对于小额奖励,依然维持着极高的兴趣。

由此可见,奖励机制引爆观众热情的核心并不是奖励的大小,而是让奖励成为直播营销游戏的辅助。观众在"获奖"的过程中,可以获得极大的心理满足感。因此,直播营销游戏可以借助奖励机制让观众获得满足感,进而使更多的观众参与到游戏中。

(2)规则机制

既然有游戏,就一定会有规则。直播营销游戏的规则机制,必须在游戏开展前就提前公布,让大多数直播观众都能在游戏开始前明确游戏的规则。但是,在进行策划的时候,就要注意直播营销游戏规则的三点原则:

首先，规则一定要简单易懂。因为规则必须能够被大多数观众理解，观众只有在清楚理解游戏规则的前提下，才会参与到游戏中。

其次，主播讲解规则的时间要尽可能短。游戏规则是支撑游戏开展的前提，但是规则不是直播营销游戏的核心，直播营销游戏的最终目的是为了提高营销的效果。因此，主播必须在最短的时间内，详细、清楚地向观众表述游戏的规则。

最后，游戏规则必须要有创意。有创意的规则才能配上有创意的游戏，千篇一律、过分死板的规则会让观众产生排斥感，甚至会磨灭观众的积极性。因此，游戏规则机制的创意在于规则要足够灵活、开放，能够适应游戏中突发的多种状况，并且让游戏能够在规则之内，为观众带来各种"小惊喜"。

总的来说，直播营销游戏就是通过提升观众的互动性，来提高直播营销产生的流量效应。而游戏开展前的创意策划，就是游戏能够顺利开展并且维护流量的保障。只要有了新奇的创意，直播营销游戏就能为企业带来有效的互联网流量市场。

# 第七章
## 内功提升：让直播营销更有力量

# 直播营销的广告植入技巧

直播营销是互联网视频销售的一次重大革命。既然企业直播要达到营销的效果，就无法避免在直播的过程中植入广告。但是，过分突兀的广告会给直播受众带来糟糕的体验，因此在直播营销中，一定要注重广告植入的技巧。

**1.植入式广告的概念**

植入式广告本身就是一种特殊的营销方式，与传统广告有着极大的区别。传统广告就是企业借助报纸、杂志、电视等媒体，直接对品牌和产品进行宣传，观众都能够一目了然地看出浓厚的广告性质。植入式广告指的是在视频作品中，融入企业品牌、产品因素的一种广告营销模式，观众在观看视频作品的时候，很难察觉到自己所接受的内容实际上是企业的广告。因此，植入式广告又被称为隐形广告或者嵌入式广告。

国外早期的植入式广告的经典代表，就是美国动画片《大力水手》中大力水手吃菠菜的形象，任谁也无法想到其实这部动画片是一家菠菜生产商投资的；国内早期的植入式广告的经典代表，则是室内情景剧《编辑部的故事》中百龙矿泉壶频繁出镜，进而让这个产品被捧为当时的热销产品。当下，无论是电影、电视剧，还是综艺节目，都会加上植入式广告。因此，直播作为当下最为火热的视频社交营销方式，必然会采用植入式广告，为直播营销带来更好的用户体验和流量效益。

### 2.广告植入的方式

了解广告植入的方式,是直播营销广告植入技巧的第一步。只有充分了解广告在直播营销中的植入方式,才能挖掘广告植入直播营销的渠道,进而再多角度选择正确的植入式广告,让企业直播营销中的广告变得更加自然、更加吸引观众。

(1)主播口播广告

提到口播广告,就不得不提《中国好声音》的主持人华少45秒钟350个字的快速口播广告的纪录,因此华少还被称为"中国好舌头"。由此可见,如果想在直播营销中口播广告,主播就必须拥有过硬的口头表述能力。

(2)以品牌冠名直播

品牌是企业和产品的代名词,只要品牌能够深入人心,而与该品牌相关的产品自然会成为消费者的首选目标。因此,"品牌冠名"成为各大企业热门的营销方式之一。目前的品牌可以冠名电视剧、电影、综艺节目等,那么品牌也一定可以冠名直播。"品牌冠名"不仅表示可以在直播的名字中添加品牌的名称,而且可以在直播间的角落加上品牌的标志等,让观众充分感受到品牌的力量。但是,以品牌冠名直播一定要注意避免刻意的产品广告,否则就会失去植入式广告的意义。

(3)使用相关产品

在直播的过程中使用相关的产品,是最有效的植入式广告。其实,现在很多其他方面的植入式广告,都开始采用在过程中使用产品的方式。比如每年春晚典型的植入式广告,就是在现场嘉宾的桌子上摆放各种品牌的矿泉水、饮料等。虽然主持人并没有提到任何与产品相关的内容,但是每位观众都能够看到这些产品,并且这些产品配合春晚整个会场出现得非常自然,不会产生任何违和感。所以,直播营销也可以自然地使用相关产品,作为直播的植入式广告。但是,主播一定不能过分刻意地展示、强调产品，要尽可能地把产品展示分散到直播内容的每一个细节中，让观众可以通过自己的眼睛轻松发现。

**3.广告植入的细节**

"细节决定成败"，因此直播营销在选择好广告植入的方式之后，还要注意广告植入的细节。最能影响直播营销广告植入效果的细节主要有以下三点：

（1）广告的时间

时间是植入广告最难把握的细节。华少之所以将350个字的口播广告控制在45秒内，就是因为在45秒的时间段内，这条口播广告能够达到最佳的营销效果。同样的，春晚镜头从来不会在观众席上停留太久，但是停留的时间却能让人刚好看到观众席上摆放的矿泉水和饮料。因此，直播营销要根据选用的广告方式，与企业的品牌、产品相结合，规划出最合适的广告时间长度。

（2）广告的比重

植入广告的比重是决定营销成败的关键。因为，植入广告的比重不仅与广告的时间有关，还与广告的内容占直播总内容的比重有关。广告的比重过高，会让植入式广告失去最原本的价值；广告的比重过低，会让广告失去营销的效果。因此，直播营销要适当地把握住广告的比例，让广告在直播内容中占据的比重能够刚好让观众接受品牌、产品的信息，又不会让观众产生违和感。

（3）广告与直播内容、直播受众的匹配度

直播营销的广告要匹配直播内容、直播受众，这是广告植入的硬性要求。独一无二的直播内容，是直播营销在互联网中吸纳流量的必杀技之一，所以直播的植入式广告一定要与内容相匹配，才能让广告被直播受众自然接受。现在的直播受众多数为年轻的80后、90后，因此直播营销的广告也要符合年轻人的"口味",让这些年轻的直播受众能够快速接受。也就是说,广告与直播内容、直播受众的高度匹配,能够让直播营销的广告效果发挥到最大程度。

直播营销的广告植入技巧,从选择广告方式开始到对广告细节的策划,都需要企业和直播平台共同精心策划。在直播中恰当地植入广告,不仅可以提高观众的用户体验,而且可以为直播营销带来丰厚的收益。

# 第七章
## 内功提升：让直播营销更有力量

# 直播营销的传播技巧

伴随着互联网直播技术的发展以及观众对直播内容需求的提高，消费者对直播营销的品质要求也会越来越高。众所周知，目前的直播门槛非常低，只要有一部联网的智能手机，就可以随时随地开展直播活动。但是"直播+营销"并没有那么简单，因为直播营销是一种全新的营销方式，它结合了现代各种营销模式的特点，让企业、品牌、产品、消费者通过互联网进行直接对话。一场销售转化率高的直播营销，除了要投入极高的成本打造创意内容之外，还要具备有效的传播技巧。

传播是直播营销的重要目的之一，"无直播，不传播"就已经肯定了直播营销具备的巨大传播效果。但是，直播的传播效果并不能无限获取，想让直播的传播效果在市场中不断放大，还需要企业在直播营销上进一步深入挖掘。

**1.决定直播营销传播效果的因素**

在挖掘直播营销的传播技巧之前，应该优先了解决定直播营销传播效果的因素。然后，从这些影响传播效果的因素开始下手，对直播营销进行传播优化。

（1）流量来源

有效的流量来源，可以支撑起直播营销的半边天。目前，大多数直播营销的流量来源都是直播平台、微博等相关社交平台。主要通过这些社交平台的banner（首页横幅广告）、专题、超链接、友情链接等，为直播营销建立引流通道。因此，本身具备庞大流量基础的流量来源——社交平台，能够为直播营销提供引流的基础优势。

然而，拥有庞大流量基础的流量来源，并不是直播营销选择平台的唯一标准。平台流量的转化率、流量来源平台与直播企业的关联性、平台的合法性等，都决定了直播营销对流量来源的选择。这些额外的条件不一定要全部符合，但是拥有庞大流量基础的来源，必定是直播营销为传播考虑的基础，而且其他所有的条件都建立在这个基础之上。

（2）直播内容

优质内容是直播未来的核心发展方向。由于直播领域正在逐步垂直细分，直播营销的内容也会越来越专业且富有内涵。因此，专业且内涵深刻的直播内容将成为未来直播内容的主流，而直播的娱乐因素也会集中在直播内容的内涵中。当直播内容与观众需求高度符合的时候，直播间才会涌入流量。

（3）观看时长

直播营销传播的目的之一，就是尽可能地引流。但是，单纯地引入大批流量并不能让直播营销产生效益。新引入的流量，必须在直播平台上停留足够长的时间，才能让直播有机会将内容有效地传达给观众。

据有关数据统计，由于直播观众的观看习惯呈现碎片化发展的趋势，有4成的观众进入直播间后不会点开播放。剩下点开直播的观众，有69.7%的人观看不足1分钟，23.8%的人观看时间在1分钟到30分钟之间，只有8.7%的人观看时间在30分钟以上。

由此可见，直播营销所有新引入的流量中，真正有效的流量还不足总量的一半。因此，直播营销必须要通过提高观众观看的时长，进而带动传播的最终效果。而决定观众观看时长的因素，除了直播内容的优劣之外，还有主播和直播间其他管理者的配合。优质内容是由直播企业根据自身因素打造的，观众点开直播之后，会在10秒的时间内判断内容是否符合自身的需求，进而选择是否继续观看下去。当直播间积累到一定数量的观众后，主播的互动往往不能顾及每一位观众，因此需要设定直播间管理员，让管理员以弹幕、留言的形式配合主播，共同与观众互动。

（4）直播时间点

由于观众工作、作息时间的原因，大部分直播都喜欢安排在晚上8点到10点之间。同时，这个时间段也是各大直播平台流量高峰期。因此，排除节假日等影响因素，直播营销开始的时间点也最好选在晚上8点之后，结束的时间点尽可能不要超过晚上10点。

**2.直播营销传播的主要技巧**

实际上，直播营销的传播技巧非常多，但是根据企业性质、品牌性质、产品性质的不同，不同的技巧会带来不同的效果。因此，根据多数直播营销的通用度，总结了以下几个主要的传播技巧。

（1）明星传播

明星传播是最容易使用的传播技巧，也是最难用好的传播技巧。只要企业愿意花费成本邀请明星，就可以进行直播营销。但是，请什么样的明星、为明星设计怎样的传播语言、如何让明星获得观众的共鸣等问题，都是直播营销需要考虑的内容。因此明星传播是一种看上去简单，但是实际操作执行并不容易的直播营销传播技巧。

（2）情感传播

在发达的经济体系之下，人类的生理需求已经普遍得到满足，决定人类的行动力的逐渐变成了心理需求，情感逐渐成为促使人类产生行为活动的主要原因。实际上，情感的传染力非常强，特别是在互联网让全球一体化的当下，源自于日常、人们难以发现的细微情感，被广告等方式进一步放大，就会成为撼动观众内心的有效手段。而直播营销，就可以作为放大感情的工具，让感情成为直播营销的有效传播技巧之一。

（3）话题传播

所谓的话题传播，就是借助热门话题进行传播。话题传播的本质，就是借势话题抢占互联网用户的注意力，所以这是一种近乎"万能"的传播方式，不仅直播营销可以使用，其他的营销方式也可以使用。虽然这种传播极具普遍性，也能达到很好的传播效果，但是由于话题的限制，并不是企业的每一次直播营销都能够找到相关的热门话题，也不是每个热门话题都可以与直播营销的内容相对应。因此，企业在选择话题传播的时候要谨慎小心，不能让话题成为直播营销的"累赘"。

# 第七章 内功提升：让直播营销更有力量

## 直播节目的统筹技巧

由于"百播大战"的竞争日益激烈，直播的内容将越来越正规，而正规的直播内容必定少不了规范的直播节目。因此，企业必须做好直播节目的统筹计划。统筹是直播营销能够顺利开始、顺利结束的支撑。所以，即使直播是一种大众化的社交方式，企业的直播节目也应该向传统的电视节目学习，在合理的直播时间段内安排好直播节目方方面面的细节。但是直播节目由于媒介的不同，与电视节目的统筹存在着细微的差别。因此，企业在策划直播内容的时候，就应该注意直播节目的统筹技巧。

### 1.从节目开始积累人气

由于直播媒介的特殊性，刚开始的节目都属于流量积累的阶段。对于企业来说，能否在这个阶段让观众产生期待感，往往决定了此次直播营销最终的成败。因此，企业安排的主播在直播的流量积累阶段就应该开始积极与观众互动、让主播报上相应的节目名称、为观众展示直播活动的亮点等，如果有游戏互动环节还可以为观众展示一下丰厚的奖品。以这种简单展示的方式，大致告诉观众接下来的节目内容，进而吊足观众的"胃口"，让观众有继续看下去的动力。

### 2.制造高潮

直播节目的高潮与电视节目不同。电视节目的高潮源自于内容，而直播节目的高潮则源自于互动。只有当观众互动性达到高峰的时候，直播节目才算是迎来了一次高潮。高强度的互动能够调动观众的积极性，甚至激发观众对企业产品的购买欲。因此，企业必须在直播的过程中制造高潮，把握直播节目的每一次高潮点，借力互动性的高峰点来达到想要的营销效果。

3.渲染气氛

渲染气氛就是为企业直播制造一个合适的大环境，通过舞台装饰、灯光效果、音响效果等，为观众带来绝佳的氛围体验。合适的气氛有助于节目的开始、节目的高潮以及节目的收尾，是辅助直播节目进行的最佳道具，并且能够在一定程度上调动观众的感情。观众在感情的促使下，会更加积极地参与到直播节目的互动环节之中。

4.引导关注

引导观众对企业直播的关注，就是通过各种渠道让观众进入企业的直播间，同时又能够在第一时间留住这些观众。企业的直播节目在带给观众精彩内容的同时，还要将营销的元素传播出去，让观众看到企业的产品，或者让观众体验到企业的品牌文化。由此可见，引导关注是一个非常复杂的过程，需要寻找多种外部引流的渠道，让直播的每一个节目内容都足够精彩，让产品植入广告能够与节目完美融合，在这些过程中还要保证企业的产品或者品牌文化都能融入其中，让观众不会因为精彩的节目忘记企业营销的核心对象。

正确引导观众的关注必须要通过企业直播营销整体的策划方案，在方案中寻找相应的引导点。然后以这些引导点为初步对象，设定一系列引导的细节。比如在引导渠道上可以选择各大网站的广告位、百度推广等；在传播营销元素上，可以通过主持人的台词、主持人的动作、灯光聚焦的方位等，引起观众的注意。因此，直播引导关注的方方面面都分散在节目的细节中，引导关注的重点就是抓住直播的细节，让企业的直播营销做到最完美。

企业对直播节目的统筹，能够让企业在同行的直播营销中占据制高点。统筹直播节目在企业的传播营销上发挥着积极作用，不仅进一步提高了直播的质量，而且能够让企业的直播在互联网流量市场中获得良好的口碑。

**直播营销：** 重新定义营销新路径

# 企业家高管直播技巧

在直播营销中，直播实际上就是双向传达信息的载体。通过直播，企业可以将产品信息传播给消费者，消费者也可以将对产品的想法、体验反馈给企业。所以，直播营销实际上就是拉近企业和消费者的距离，让企业更加"平民化"。而企业"平民化"的重点之一，在于企业家高管的"平民化"。

在大多数消费者的观念里，企业家高管是深藏于企业背后，只会在零星的新闻报道中才会出现几次的"神秘人"。然而，由于网民对互联网中大量碎片化、私人化、娱乐化信息的消费，导致现在的互联网消费者对于个人的接受度，往往超过了对企业和品牌的接受度。如果在此时，深藏于企业背后的企业家高管能够将自己作为"网红"展现出来，与消费者通过直播平台进行"亲密接触"，把个人的魅力与企业产品进行整合，将会带来绝佳的营销效果。

1."网红"企业家高管的时代已经来临

追溯国内最早的"网红"企业家，非陈欧莫属。从聚美优品的CEO陈欧"我为自己代言"开始，到目前为止已经有很多企业家开始陆陆续续进军"网红"的领域，"网红"企业家高管引领营销的时代已经来临。

提到大型企业的"网红"，当然少不了王思聪、雷军、董明珠这些人物。

王思聪作为万达CEO王健林的儿子，以嘲讽娱乐明星、玩电竞游戏、吃路边摊、秀豪车等方式在互联网上成为"网红"，凭借着在互联网中获得的80后、90后群体的巨大人气，在电竞游戏的行业和各类投资业中脱颖而出。

说到小米的CEO雷军，可能现在大多数人都会情不自禁地联想到前段时间雷军在小米直播上的"个人秀"，或者网友剪辑的经典歌曲《Are you OK》。实际上，从2014年雷军在自己的个人微博上发布"飞猪理论"开始，"雷布斯"就已经作为一名"网红"正式"出道"了。

格力的前董事长董明珠"董小姐"就说："成龙代言那么贵，还不如把手机屏幕换成我自己嘛。"于是格力跨界手机开机画面，真的变成了"董小姐"的照片，进而让董明珠成为2016年"第一网红"企业家。

站在企业营销的角度，"网红"并不是赚钱的工具，而是将"营销"变为"社交"的引导者。幕后的企业家能够作为"网红"主动站到"台前"，将自己的个人生活、想法、品位等展示在观众的眼前，就等于以个人的形象为企业代言。

### 2.企业家高管如何直播

在这个企业家高管进军"网红"的时代，直播营销同样需要这类"网红"的支持。但是企业家高管"网红"的直播，与一般的网红直播有着本质的区别。一般的网红主播直播的目的，主要是建立一个互联网粉丝圈来维护自身的收益。但是，出身企业家高管的主播并不是只有"自身盈利"那么简单，甚至还会决定企业未来的营销市场和销售命运。因此，当企业家高管想利用自带的"红人"光环，通过直播来营销的时候，必须充分掌握一定的技巧，才能让直播达到理想的营销效果。

（1）分享互动

互联网为消费者打开了世界的通信大门，所有人都能够以网络为媒介进行双向交流，所以通过分享信息来建立社交关系，已经成为网络中最为流行的一种社交方式。因此，企业家高管的直播也可以通过"分享"相关的内容方式，与直播观众进行互动。但是，由于互联网信息鱼龙混杂，企业家高管要与直播观众分享的内容，一定要注意以下两点。

第一，分享的内容要绝对真实。网民喜欢直播的重要原因之一，就是直播能够带来绝对的真实感。同样的，消费者对产品的信任度，也建立在企业营销传达真实信息的基础之上。而消费者对直播的真实感，可以通过企业的直播营销转移到产品之上。真实是建立信任关系的基础，为了维护消费者对企业、对产品的信任，企业家高管要与消费者分享的直播内容也必须真实。真实的内容是企业家高管树立自身形象以及品牌形象的侧重点。因此哪怕观众在直播中犀利地提出产品存在的问题，企业家高管也要利用自身的语言技巧，对问题给出绝对真实的回答。

第二，企业家高管分享的内容要尽可能涉及多方面。也就是说，分享的内容并不局限于产品的相关技术、应用技巧等，还可以分享自己生活中的逸闻趣事。分享产品高端的技术内容，确实能够在一定程度上提高产品的形象，让消费者了解产品采用的核心技术。但是，技术内容往往会涉及许多专业词汇，不具备专业知识的观众可能并不能很好地理解。所以，企业家高管的直播应当尽量简单易懂，技术方面的内容必须要有，但是点到即可。企业家主管可以通过直播，分享一些生活中琐碎的小事，为自己塑造一个更加亲民的形象，通过分享自己的故事，优先提高自身的人气，然后以自己在"粉丝圈"中的个人魅力带动企业和品牌的人气。

（2）专业化

企业家高管的直播风格必定与一般的直播有所不同。一般的主播，会利用自身的才艺展示自身的魅力，进而"征服"观众。而企业家高管通过直播"征服"观众的技巧，就在于"专业"。

企业家高管专业化的直播技巧主要体现在两个方面：

一方面是专业化的口语。专业化的口语并不是指企业家高管在直播的过程中，大量使用与产品相关的专业词汇，而是指企业家高管在直播的时候要注意自己的语言措辞，能够与互联网直播的整个大环境贴合，同时一定要避免说出让观众感到"不舒服"的话。企业家高管一定要随时记住自己所处的位置是企业的高层，在直播营销的过程中尽量避免主动"吆喝"让观众购买产品。所以，企业家高管的直播要凭借自身的智慧，以产品优势为核心进行阐述，将营销和娱乐有机结合起来，引导观众"主动"发现产品的宝贵之处。

另一方面就是专业化的平台。专业化的平台是支撑企业家高管直播营销的背景，当企业直播已经具备了专业的"主播"、专业的内容、专业的口语，那么就一定要有专业的背景与这些相匹配。企业家高管就是专业的"主播"，因此在选择直播平台的时候一定要精心、慎重。

**直播营销：**重新定义营销新路径

# 企业直播号营销技巧

直播给企业带来了崭新的营销时代，为了抢占直播营销的先机，就必须建立适合的"企业直播号"。提到"企业直播号"，就不得不提微信、微博营销盛行时，陆续诞生的各种企业微信公众号和企业官方微博账号。企业直播号虽然在形式上与公众号和微博账号完全不同，但是从本质上来说，它们都是企业营销的"工具"。而每个营销"工具"都有特定的使用技巧。因此，企业直播号只要能够抓住这些技巧，并将这些技巧充分运用到直播号维护以及企业营销之中，就能够在直播营销的革命浪潮中抢占一定的先机。

**1.优秀的标题**

企业直播号中的直播标题与普通的文章标题不同，它必须包含企业的名字、企业的产品、直播的核心内容以及与企业相关的LOGO。

企业的名字就是企业的ID，也是大多数消费者了解企业的第一条信息，因此企业直播号为观众展示的直播标题一定要有企业的名字。企业的产品就是企业直播的特色，在直播号的标题中，不一定要让观众看到产品具体型号、应用方法等信息，但是一定要让观众知道是什么类型的产品。直播的核心内容，则是企业通过直播想要带给观众的重点内容，当然在重点内容之外也可以添加其他的内容，但是其他内容一定不能掩盖核心内容的"光芒"。LOGO就是企业直播号的头像，一般情况下最好使用企业自身的LOGO作为头像,让观众在其他地方看到这个LOGO就可以自然而然地想到企业的名字、企业的品牌和企业的产品。

比如,2016年雷军在小米直播、小米商城、QQ空间、一直播以及bilibili这五大直播平台上,针对小米5手机的直播标题都为"小米5黑科技实验室"。"小米"是企业的名称,"小米5"是产品,核心内容是"黑科技"。

图7-2 "小米5黑科技实验室"直播截图

由此可见,一个优秀的标题可以在短短的几个字中,体现出企业直播的精华。并且,观众能够从标题中感受到企业直播的亮点,进而被亮点"引诱"进直播空间中。

2.软件功能强大

在"全民直播"时代,各大直播平台为了方便用户进行直播活动,都推出了相应的直播软件。因此,在众多直播软件中挑选功能强大的直播软件也是企业直播营销的重点技巧之一。

所谓的"功能强大"并不是指直播软件具备最多的功能,而是软件的设计要符合企业直播的要求。所以功能强大的直播软件，首先一定有设计合理的界面，方便直播观众的群体交流；其次一定要支持多种视频源，无论是YY、斗鱼等大型直播平台，还是一些名不见经传的初创直播平台，都能提供支持；最后一定要有可以对用户发言的内容进行审核、屏蔽的功能，在大流量的前提下，人工审核肯定跟不上观众的发言速度，因此需要软件自带一定的审核功能。

### 3.硬件设备先进

从直播发展以来，画质、音质一直是直播用户争议的话题。企业直播营销能够为观众带来的所有用户体验，都建立在良好的画质、音质的基础之上。企业直播号必须在每一次的直播中尽可能选用先进的设备，以此奠定用户良好体验的硬件基础。所谓硬件设备指的就是直播中需要的电脑、摄像机、麦克风等设备。选用最先进的硬件设备，是企业直播保证直播画质、直播音质的最佳方法。

### 4.维持优质直播内容的产出

优质的直播内容，是决定企业直播营销成功与否的关键。因此，企业直播号必须要保证，每一次的直播内容在观众的眼里都是优质的。

只要直播号能够保证每一期的直播都能带给观众足够的新鲜感，经过长时间的积累，观众就会自然而然地对企业的直播号产生期待的心理。期待是观众关注直播号和企业直播内容的动力，只有观众对直播号产生期待，每一次全新的企业直播在播出的时候，才会在第一时间吸引大批流量。

### 5.搭建粉丝社群

圈住粉丝的最佳方式就是建立社群，即使是社交性质浓厚的直播也不例外。很多大型企业在长久的发展过程中，已经形成了一定的粉丝社群。但是对于中小型企业和初创企业来说，需要企业自己从外部推动搭建粉丝社群。

目前搭建粉丝社群的方式有很多种，比如建立QQ群、微信群等。将尽可能多的粉丝拉入群内，在不进行直播的时候，企业可以通过此类社交群与粉丝进行交流。或者，在贴吧、微博等社交平台上，搭建相应的企业官方话题平台，以话题的方式带动这些社交平台上的粉丝进行互动，进而圈住平台中的粉丝。